ବିଷ ସାରଥି

ଏବଂ

ଚରିତାମୃତ

ସନତ୍ ଦାସ ପଟ୍ଟନାୟକଙ୍କ

ଦୁଇଟି କବିତା ସଂକଳନ

ବିଷ ସାରଥି

ଏବଂ

ଚରିତାମୃତ

ବ୍ଲାକ୍ ଇଗଲ୍ ବୁକ୍ସ
ଭୁବନେଶ୍ୱର, ଓଡ଼ିଶା

BLACK EAGLE BOOKS
Dublin, USA

ସନତ୍ ଦାସ ପଟ୍ଟନାୟକଙ୍କ ଦୁଇଟି କବିତା ସଂକଳନ : 'ବିଷ ସାରଥି' ଏବଂ 'ଚରିତାମୃତ'

ବ୍ଲାକ୍ ଈଗଲ୍ ବୁକ୍ସ : ଭୁବନେଶ୍ୱର, ଓଡ଼ିଶା • ଡବ୍‌ଲିନ୍, ଯୁକ୍ତରାଷ୍ଟ୍ର ଆମେରିକା

BLACK EAGLE BOOKS

USA address:
7464 Wisdom Lane
Dublin, OH 43016

India address:
E/312, Trident Galaxy, Kalinga Nagar,
Bhubaneswar-751003, Odisha, India

E-mail: info@blackeaglebooks.org
Website: www.blackeaglebooks.org

First Edition : 1982

First International Edition Published by
BLACK EAGLE BOOKS, 2022

Sanat Das Patnaik's two books
'BISA SARATHI' and 'CHARITAMRUTA'

Copyright © **Sanat Das Patnaik**

All rights reserved. No part of this publication may be reproduced, stored in a retrieval system, or transmitted, in any form or by any means, electronic, mechanical, photocopying, recording or otherwise without the prior permission of the publisher.

Cover & Interior Design: Ezy's Publication

ISBN- 978-1-64560-333-7 (Paperback)

Printed in the United States of America

ସୂଚିପତ୍ର: **ବିଷ ସାରଥି**

ବିଷ ସାରଥି	୧୫
ଜୀବନ ଯଜ୍ଞ	୧୮
ବିମୁଗ୍ଧ ପୁରୁଷ	୨୦
ଏ ପୃଥିବୀ, ସ୍ୱପ୍ନର ପ୍ରତିଧ୍ୱନୀ	୨୨
ଅପୂର୍ଣ୍ଣ	୨୪
ପୂଜାଛୁଟି	୨୬
ଗଛ ଛାଇ	୨୮
ସହର	୩୦
ଜଣାଣ: କଲେଜ ଛକ ଶିଶୁର	୩୨
ପଥର କଟାଳୀ	୩୪
ସମାଜବାଦ	୩୬
କ୍ଷୁଧା	୩୮
କାଠହଣା	୪୦
ରବିବାର	୪୨
ବଙ୍ଗଳା ଦେଶକୁ	୪୫
ବଙ୍ଗଳା ଦେଶକୁ (୨)	୪୬
କୋଇଲି	୪୮
ପ୍ରତ୍ୟାବର୍ତ୍ତନ	୫୧
ଜଣାଣ: ୧୯୭୧	୫୩
ଅନ୍ୟମନସ୍କ	୫୪
ଅନୁଭୂତି	୫୬
ରାଜା	୫୭
ଚାକର	୫୮

ସ୍ଵଗତ	୫୯
ଫୁଲ	୬୦
ଧର୍ମ	୬୧
ମୁକ୍ତି	୬୨
ବିଷୁବ	୬୩
ମନେରଖ	୬୪
ଲାଇବ୍ରେରୀ	୬୫
ଭିକାରୀ	୬୬
ବର୍ଷା	୬୭
ଚିରାଚରିତ	୬୯
ଫୁଲତୋଳା	୭୦
ମଣିଷ ପଣିଆ	୭୧
ଇତିହାସ	୭୩
ଗ୍ରୀଷ୍ମ-ରୂପ	୭୫
ବଞ୍ଚିବା	୭୭

ସୂଚିପତ୍ର: **ଚରିତାମୃତ**

ଚରିତାମୃତ	୮୫
ବୃତ୍ତ	୮୯
ବିଭକ୍ତ ଚରିତ୍ର	୯୩
ଚେତନା ଲାଗି	୯୭
ଆତ୍ମଲିପି	୯୯
ପ୍ରତ୍ୟାବର୍ତ୍ତନ	୧୦୩
ଶୂନ୍ୟ କୋଠରୀ	୧୦୫
ସୂର୍ଯ୍ୟାସ୍ତର କବିତା	୧୦୮
ପୁନରାବୃତ୍ତି: ପୁରୀରୁ ଫେରି	୧୧୦
ଶୂନ୍ୟ ପକ୍ଷୀ	୧୧୨
କପୋତ ଶିକାର	୧୧୭
ଫେରିବା ପରେ	୧୨୦
ପ୍ରଥମ ଶୀତରେ	୧୨୨
କୌଣସି ରିକ୍ସାବାଲାର ଜଣାଣ	୧୨୪
କେଉଁଝର	୧୨୮
କାମନା	୧୨୯
ଘୁଡ଼ି	୧୩୦
ଜଣାଣ	୧୩୧
ଆତ୍ମପ୍ରତ୍ୟୟ	୧୩୨
ଶୀତ	୧୩୩
ଶୀତର ଜୀବନ	୧୩୫
ଗ୍ରୀଷ୍ମ	୧୩୬
ନାଟ୍ୟକାର	୧୩୭

ସନ୍ଦେହର କବିତା (୧)	୧୩୮
ସନ୍ଦେହର କବିତା (୨)	୧୪୧
ଈଶ୍ୱର	୧୪୩
ମୃତ୍ୟୁ	୧୪୬
ପତ୍ରେରା	୧୪୮
ଫାଙ୍କି ଦେଉଥିବା ମଣିଷଟି	୧୫୦
ସଂସାର: ଗୃହସ୍ଥ	୧୫୩
ଉଭିଦ-ତତ୍ତ୍ୱ	୧୫୬
ମଧ୍ୟବୟସ୍କ	୧୬୦
ଘର	୧୬୪
ମଧ୍ୟବୟସ୍କର କୋଣାର୍କ	୧୬୮
ସାପ	୧୭୦
ବାଘ	୧୭୧
ପାହାଡ଼	୧୭୨
ଘଣ୍ଟା ପିଟୁଥିବା ପିଲାଟି	୧୭୩
ଅଧ୍ୟାପକ	୧୭୫
ହେଡ଼ମାଷ୍ଟେ	୧୭୬
ବଧ୍ୱର ଦାସ	୧୭୮
ଅନ୍ଧ ବିଗର୍ଣ୍ଣି	୧୮୧
ସରୋଦ	୧୮୪
ଦିଲରୁବା	୧୮୬
ଖରାବେଳ	୧୮୯
ସୂର୍ଯ୍ୟାସ୍ତ	୧୯୨

ବିଷ ସାରଥି

୰ ଅନୁସୟା ମହାନ୍ତି

ମୋ' ମାଉସୀ। ଅତି ଗେହ୍ଲା ପିଲା ବୟସରୁ ସାହିତ୍ୟ ପ୍ରତି ପ୍ରଥମ ପ୍ରୀତି ଭରି ଦେଇଥିଲେ ମୋ' ଭିତରେ ସିଏ। ତାଙ୍କରି ପବିତ୍ର ସ୍ମୃତିରେ ମୋର ଏ ପ୍ରଥମ କବିତା ସଙ୍କଳନ ନିବେଦିତ...

- ସନତ୍

ନିଜସ୍ୱ...

ଏକ ରକମ ଚୁପ୍‌ଚାପ୍ ହୋଇ ଯାଇଥିଲି। ଦିନେ ଯେ ମୋର କବିତା ସଙ୍କଳନଟିଏ ପ୍ରକାଶ ପାଇବ, ଏ ବିଶ୍ୱାସ ନଥିଲା। କବିତା ପ୍ରକାଶନ, ପ୍ରକାଶକ ବନ୍ଧୁମାନଙ୍କ ପାଇଁ ବ୍ୟବସାୟିକ ହତାଶା ବୋଲି ମନେ କରାଯାଏ ଆମ ରାଜ୍ୟରେ। କାରଣ କବିତା ପଢ଼ିବାର ସଉକ୍ ଏ ଦୈହିକ, ଜଡ଼, ମୁଦ୍ରାସ୍ଫିତି କାଳରେ କିପରି ବା ରହିବ ! ସହଜପଣିଆକୁ ତ କେବେ ବି କବିତା ଆଦରି ପାରିଲା ନାହିଁ। ନାନ୍ଦନୀକ ଚେତନାର ପରିପ୍ରକାଶ ପାଇଁ କବି ଆପଣାଛାଏଁ ନିଜଭାଷାଠାରୁ ଚିନ୍ତାର ପରିସର ପର୍ଯ୍ୟନ୍ତ ବିଭିନ୍ନ ସୂକ୍ଷ୍ମ କାବ୍ୟିକ ବୌଦ୍ଧିକ ପ୍ରକାଶ ଶୈଳୀମାନଙ୍କ ଭିତରେ ସୀମାବଦ୍ଧ ହୋଇଯାଏ; ଯେଉଁଥିପାଇଁ ପାଠକ ବନ୍ଧୁମାନଙ୍କୁ ଯଥେଷ୍ଟ ସଂଯମ, ସହାନୁଭୂତି ସହ କବିତା ପ୍ରତି ଦୃଷ୍ଟିପାତ କରିବାକୁ ପଡ଼ିଥାଏ। ଏ ଯୁଗରେ ସହାନୁଭୂତି ବା କାହିଁ ? ନିଜ ଆସନ ମାଡ଼ି ବସିଥିଲେ ହେଁ ସ୍ୱର୍ଗପ୍ରାପ୍ତି, ଅମରତ୍ୱ ପ୍ରାପ୍ତି। "ଭଲ ପାଇବା" ତ ମ୍ୟୁଜିଅମ୍‌ରେ ବି କେଉଁଠି ମଣିଷ ସାଇତି ନାହିଁ ଯେ ଜନେ ଦେଖି ଶିଖନ୍ତେ ହେଲେ। ତେଣୁ ଏ ସଂକଳନ ପାଇଁ ମୁଁ ନଅ ବର୍ଷ ଅପେକ୍ଷା ପରେ, ଯା'ର ଆତ୍ମପ୍ରକାଶ ପାଇଁ ଯେଉଁ ପ୍ରକାଶକ ବନ୍ଧୁ ସାହସିକ ପଦକ୍ଷେପ ନେଇଛନ୍ତି ସେ ହେଉଛନ୍ତି ଓଡ଼ିଶା ବୁକ୍ ଷ୍ଟୋରର ସତ୍ତ୍ୱାଧିକାରୀ ଶ୍ରୀ ଗୋବିନ୍ଦ ଚରଣ ପାତ୍ର ଏବଂ କବି ବନ୍ଧୁ ଡକ୍ଟର ପ୍ରସନ୍ନ ମିଶ୍ର ଓ ମୋର ଅନ୍ତରଙ୍ଗ ଶ୍ରୀ ସୁବୋଧ ଦାସଙ୍କ ଅଗାଢ଼ ପ୍ରଚେଷ୍ଟା। ସେମାନେ ମୋର ଓ ମୋ' କବିତା ପଢ଼ିବା ପାଇଁ ଆଗ୍ରହୀ ବନ୍ଧୁମାନଙ୍କ ତରଫରୁ ପ୍ରଥମେ ଧନ୍ୟବାଦାର୍ହ।

ନିର୍ବାଚିତ କବିତାଗୁଡ଼ିକ ମୋ' ଜୀବନରେ ଧାଉଁଥିବା ସମୟର ଗୋଟିଏ ଗୋଟିଏ ସ୍ଫୁଲିଙ୍ଗ-ସ୍ଥିରଚିତ୍ର । ସମାଜ ଓ ଜୀବନର ଏମାନେ ଗୋଟିଏ ଗୋଟିଏ ମାନଚିତ୍ର । କୌଣସି ମତବାଦ ସହ ସାଲିସ୍ କରିବାର ଇଚ୍ଛା ପୋଷଣ କରିନାହିଁ । ଜୀବନ-ସ୍କୁଲର କଳାପଟା ଉପରେ ଅଙ୍କିତ କେତୋଟି ଅନୁଭୂତିକୁ ସ୍ୱାଧୀନ ବାଧ୍ୟ ଛାତ୍ରଟିଏ ପରି ଯାହା ଅନୁଭବ କରିଚି, ତାହା ପ୍ରକାଶ କରିଚି ।

ଏ ସଙ୍କଳନରେ ମୋର ଅନେକ ପୁରାତନ କବିତା ଠାରୁ ସଂପ୍ରତିକ ରଚିତ ସମସ୍ୱରର କବିତା ପର୍ଯ୍ୟନ୍ତ ସ୍ଥାନ ପାଇଛନ୍ତି । ପାଠକେ ତାହା ନିଶ୍ଚିତ ଅନୁମାନ କରି ନେଇ ପାରିବେ । କବିତାଗୁଡ଼ିକ ଝଙ୍କାର, ସମାବେଶ, ସାମ୍ମୁଖ୍ୟ, ଯୁବଲେଖକ ସାହିତ୍ୟ ପତ୍ର, ତଥାପି, ହଳନ୍ତ, ଉତ୍ତେଜନା ଏବଂ ଅନେକ ମିନି ସାହିତ୍ୟ ପତ୍ର ତଥା ମହାରାଜା ପୂର୍ଣ୍ଣଚନ୍ଦ୍ର ମହାବିଦ୍ୟାଳୟ ମୁଖପତ୍ରରେ ପ୍ରକାଶିତ ହୋଇଥିଲା ।

ମୋ କବିତା ଲେଖିବାର ପ୍ରେରଣାକୁ ପୁନର୍ଜୀବିତ ସବୁବେଳେ ଯେଉଁ ଦୁଇଜଣ କରିଚନ୍ତି-ମୋର ଅଧ୍ୟାପକ କବି, ସୁସମାଲୋଚକ ଶ୍ରୀ ସୌରୀନ୍ଦ୍ର ବାରିକ ଓ ମୋର ପରମ ଆପଣାର ପତ୍ନୀ ସୁଲେଖିକା ଶ୍ରୀମତୀ ଆନନ୍ଦଲକ୍ଷ୍ମୀ । ଆଜି ସମସ୍ତ କବି ବନ୍ଧୁଙ୍କୁ ସ୍ମରଣ କରି ଆଶା ରଖୁଚି ଯେ ମୋର ପାଠକ-ସମାଲୋଚକ-ଭବିଷ୍ୟତର ପ୍ରତିନିଧିମାନେ ଥରଟିଏ ପାଇଁ ନିସ୍ୱାର୍ଥ ଭାବରେ ସଙ୍କଳନଟିକୁ ପ୍ରୀତିର ସୋହାଗରେ ପାଠ କରିବେ, ଅନୁଭବ କରିବେ ଅନ୍ତତଃ ମୁଁ ସେମାନଙ୍କୁ କିଛି ଖୋଲାଖୋଲି ଭାବରେ କହିପାରିଚି କି ନାହିଁ ।

- ସନତ୍

ବିଷ ସାରଥି

ଧୂମକେତୁ ପାଦେ ସବୁ ମଥାରଖି ମୃତ୍ୟୁକୁ ସୁମରି
ସତେକି ଆସିବେ ମାଡ଼ି ବିନାଶର ପ୍ରଳୟ ଅନ୍ଧାରେ
କଲ୍‌କୀ-ରୂପ, ଘୋଡ଼ାର ସବାରୀ।

ମୁଁ ବିଷାକ୍ତ, ମୁଁ କଲ୍‌କୀ-ସେନାର ସାରଥି
ମୁଁ ଫିଙ୍ଗୁଛି ମୋର ଚକ୍ର, ନାଶିବାକୁ ଧର୍ମର କେତନ
ଟାପୁତଳେ ଦଳିଦେଇ ଯିବାପାଇଁ ସତ୍ୟର ଆସନ।
ଲାଭନାହିଁ। ଯେଉଁମାନେ ବିଷର ସମୁଦ୍ର ମନ୍ଥନେ
ଦେବତାଙ୍କୁ ପ୍ରମାଦ ଗଣିଲେ- 'ଏ ପାପରୁ ମୁକ୍ତ କରି
ହେ ପୁରୁଷ ! ହେ ସନାତନ।' ସେମାନଙ୍କ ମୁକ୍ତି
ମୋର ଖଡ୍‌ଗର କମ୍ପନ ॥

ମୋ' ଚକ୍ରର କେନ୍ଦ୍ର ଦେହେ ନାଗ ଚିହ୍ନ ଆଙ୍କି ଦେଇ
ତାର ଆକ୍ରୋଶେ ଦଂଶନେ, ଶୂନ୍ୟ ଯାହା ନୀଳ କଲି;
ତୀକ୍ଷ୍ଣ ଧାରେ ରକ୍ତର ସୁଅକୁ ଠେଲି ରକ୍ତ ହେଲି;
ମନ୍ଦାର ଫୁଲ ହୋଇ ଶିବଙ୍କର କଣ୍ଠରେ ସାଜିଲି।
ମୋ' ସତ୍ତାକୁ ରୂପ ଦେଇ, ଜୀବ ଦେଇ ପହଁରି ମୁଁ ପାରିହେଲି
ସମୁଦ୍ରକୁ, ଓଦା ହୋଇ ଠିଆହେଲି ମାଟିର ଉପରେ
ଅନାଇ ଦେଖିଲି ସଂସାରକୁ, ମଣିଷକୁ, ସମୟକୁ ॥

ଆଗରେ ଯେ କାଠଘୋଡ଼ା ନାଚ। ମୁଁ ଲୋଭେଇ ସାଉଁଟିଲି
ଘୋଡ଼ାବାଲା ରୋଜଗାର ପଇସା ସବୁ ଧୂଳିର ଉପରୁ।
ମଷିଣର ଭିଡ଼ ଠେଲି ମୁଁ ଛୁଟିଲି ଯାତରାକୁ
ପଇସା ଯାଚିଲି, ସବୁ ଦେଖାଇ କହିଲି-ଦିଅ ମୋତେ,
ମୁଁ ଆସିଛି କରିବାକୁ ସବୁ ନୀଳ, ସବୁର ନିଷ୍ପତ୍ତି
ବଞ୍ଚିବାର ଆର୍ତ୍ତନାଦୁଁ ଦେଖିବା ଏ ମଣିଷ ଥମିବାର
ନୁହେଁ ବା' କେମିତି ?

ମୋତେ ସବୁ ଧରା ଦିଅ। ସର୍ବଂସହା ମୋ' ପୁରୁଷତ୍ୱ ପରେ,
ହେଉବା କୁଷ୍ଠର ହାତ ଥାପି ଦିଅ, ବାକିତକ ଦିନ
ସାଧିବାକୁ ରତିର ବୈଚିତ୍ର। ଶ୍ମଶାନର ପାଉଁଶରେ
ଭକ୍ତ କାନ୍ଦେ ଅର୍ଦ୍ଧରାତି ପକ୍ଷୀର କୋଳରେ।
ସେମାନଙ୍କୁ ସ୍ଥାନ ଦିଅ, ଯେଉଁମାନେ ସୂର୍ଯ୍ୟସ୍ନାନ ସାରି
ଈଶ୍ୱରଙ୍କ ଅଭିପ୍ରେତ ନର୍କରୁ ବଞ୍ଚିତ
ପାପମୟ ରୁଗ୍ଣ କଳେବର, ହାତ ଯୋଡ଼ି
ଆହା ସତେ ଫେରୁଥିଲେ ବାନ୍ଧିବାକୁ ଘର ॥

ମୋତେ ତୁମେ ଚିହ୍ନିନାହଁ। ମୋହରି ବିଷର ବନ୍ୟା
ଭସାଇଲା ତୁମରି ବୟସ
ଇନ୍ଦ୍ରଜାଲ ଘେରି ଦେଇ ଲାବଣ୍ୟବତୀକୁ ଅବା
ଠିଆକଲା ମଝିଦାଣ୍ଡ ପରେ
ଫୁଙ୍ଗୁଳା ଦେହରୁ ତମ ତାତିସବୁ ଓଠରେ ଶୋଷିଲା
ବିଷଦେଲା, ରକତ ଯେ ନେଲା।
ତୁମେବି ପାରିଲନି ଜାଣି ମୁଁ କେବେ ଯେ ତୁମରି ଶେଯରେ
ଶୋଇ ରହି ଅନ୍ଧାର ଭିତରେ
କାହାରି ଶାଢ଼ୀକୁ ଟାଣି ବାଡ଼ିପଟ ଆମ୍ବଗଛ ଦେହେ ଓଟାରି ବାନ୍ଧିଲି
କୁଳନାରୀ କଳଙ୍କିନୀ ହେଲା, ତୁମେ ସବୁ ତାକୁ ନେଇ
ଆହୁରି ଉଲଗ୍ନ କଲ ସଭିଙ୍କ ଆଗରେ
କଲବଲ କରି ନିଆଁ ଜାଳି ପୋଡ଼ି ଦେଲ, ପାଉଁଶ କରିଲ ॥

ପାପରୁ ପାପକୁ ଖୋଜି
ମୋ’ ବିଷାକ୍ତ ନଈର ସୁଅରୁ ସାଉଁଟିଲ
ଅନ୍ୟ ଏକ ସମୁଦ୍ରର ଲୋଭ !

ଉପରେ ମେଘ ଓ ଆକାଶ
କେବଳ ମେଘ ହିଁ ଆକାଶ-
ଶୂନ୍ୟ ଯେବେ ଝରି ହେବ ବର୍ଷାର ତରଙ୍ଗ
କିଏ ସତେ ଧୋଇ ଯେ ପାରିବ
ମୋର ଯେତେ ବିଷାକ୍ତ ସ୍ନାୟୁର ସୁଢ଼ଙ୍ଗ ?
ପିଙ୍ଗଳାରୁ ଅନନ୍ତର ଡାକ ଶୁଭେ,
ଚକ୍ରର କେନ୍ଦ୍ର ହୋଇ ନାଗ ଏବେ ଶୋଇଯାଏ
କ୍ଳାନ୍ତ ଓ ଅବଶ-
ନୀଳ ପୁଣି ଶୂନ୍ୟ ହୁଏ, ସୂର୍ଯ୍ୟ ଉଠେ
ମୁକ୍ତିର ଡାକହିଁ ଶୁଭେ, ହେ ଈଶ୍ୱର ! ଦିଅ ବା ଜୀବନ
ତ୍ରାଣକର ଏ ପାପରୁ ନିର୍ଭୀକକୁ
ଦେଇ ଦିଅ ଆଜନ୍ମ ନିର୍ବାଣ ॥

ମୁକ୍ତିର ପ୍ରତିଧ୍ୱନି। ସମ୍ମୁଖରେ ମୁକ୍ତିର ବିଭୋର ସୈନିକ
ସାରଥି ସେ ପ୍ରତିହିଂସା, ସାରଥି ସେ ଭୁଲିଯାଏ ନାହିଁ
କଦମ୍ବ ବାସ୍ନାରେ କେଉଁ ଗୋପଦାଣ୍ଡ ଧୂଳି।
ତା’ ଆଖିରେ ଧୂମକେତୁ, ତା’ ମନରେ ଅଲନ୍ଧୁର ଜାଲ
ତା’ ଆଖିରେ ମାଛଦେହ, ତା ଦେହରେ ଅସହ୍ୟ ସମୟ;
ସାମ୍ରାଜ୍ୟର ଲୋଭ ନାହିଁ, ଲୋଭ ମୋର ଦୂରନ୍ତ ଶିବିର
ଅକସ୍ମାତ୍ ସ୍ଥାଣୁ ହୁଏ ଘୋଡ଼ା ମୋର
ଡେଇଁବାକୁ ଓଁକାରର ନିଶ୍ଚିତ ପ୍ରାନ୍ତର ॥

■

ଜୀବନ ଯଜ୍ଞ

ଏ ସ୍ନିଗ୍ଧ ଜ୍ୟୋସ୍ନାର ଉପାନ୍ତେ
ମୁଁ ଅମାର ବୁଭୁକ୍ଷୁ।
ଶାମୁକା, ଚିକ୍‌ଚିକ୍ କାଚବାଲି
ନୀଳ ନଈ
ଉନ୍ମୁକ୍ତ ଘନ ନୀଳ ଆକାଶ
ନୁର୍ଭୁଲ ପ୍ରମାଣ।
କାହିଁକିନା ମୋ'ପରି ଅମାର ବୁଭୁକ୍ଷୁ ସେମାନେ।
ଡାଏରୀର ଚିରାପୃଷ୍ଠା ପରି
ଏମାନେ ହୁଅନ୍ତି ଓହଳ ବିକଳ।
ମୋତେ ଆହତ କରନ୍ତି।
ମୁଁ ପ୍ରାୟ ସେମାନଙ୍କର ପରୀକ୍ଷାର୍ଥୀ
ସେମାନଙ୍କ ପ୍ରଶ୍ନର ଜାଲରେ
'ମୃତ୍ୟୁ'ର ବ୍ୟାଖ୍ୟା କରିପାରିନି।

ଗୋଲାପର ଲୁହପରି
ଝରିବାକୁ ଚାହିଁନି ବୋଲି,
ଏଇ ମୋର ପରାଜୟ ?
ସେମାନେ କହନ୍ତି-
ଏଇ ଯେଉଁ ସ୍ନିଗ୍ଧ ଜ୍ୟୋସ୍ନାର ରଙ୍ଗ
ଆଉ ତାର ବିମୁଗ୍ଧ ପ୍ରାନ୍ତର,
ହୁଏତ ବାଲିର ଅସରନ୍ତି ପଥ,

ସେଠି ଜଳେ ମୃତ୍ୟୁଶିଖା
ଭୟଙ୍କର ।
ସେମାନଙ୍କୁ କହିଥିଲି-
ତେବେ କି କହୁଛ ତୁମେ,
ଆତ୍ମତୃଷ୍ଣା ସଞ୍ଚନାହିଁ ମୁଁ ମୋହରି ଭିତରେ ?
ଅବା ତୁମେ ସବୁ,
ବୁଦ୍ଧଙ୍କର କ୍ଲିଷ୍ଟ ସତ୍ୟ ସାଧନାର ଶେଷ ?
ସେତେବେଳେ
ଶାମୁକା, ଚିକ୍‌ଚିକ୍ କାଚବାଲି
ନୀଳ ନଈ
ଉନ୍ମୁକ୍ତ ଘନନୀଳ ଆକାଶ
ଏଇ ଜ୍ୟୋସ୍ନାର ତରଙ୍ଗ
ଆଉ ଗୋଲାପର ସିକ୍ତ ଦେହ, ବିବର୍ଣ୍ଣ ରଙ୍ଗରେ
ଶୋଇ ପଡୁଥିଲେ,
ମୋତେ କରି ନୀଳଶୂନ୍ୟ ପାରା ।
ଯାର କ୍ଷତ, ବିଧ୍ୱସ୍ତ ପରରେ
ମୃତ୍ୟୁର ଜିହ୍ୱାଦାଗ ଲିଭି ବି ନଥିଲା ।
କହନ୍ତି ମୃତ୍ୟୁ ରଙ୍ଗ ନୀଳ
ତେବେ ବି ସେ ଉଡୁଛି । ରହି ରହି ଉଡ଼ି ଉଡ଼ି
ଏ ଡାଳରୁ ସେ ଡାଳକୁ
ଏଇ ଛୋଟ ଗଳି ଦେହ ଛାତପରେ
ଜୀବନର ନୋଟିସ ଦେଉଛି ॥

■

ବିମୁଗ୍‌ଧ ପୁରୁଷ

ମୁଁ ଚାଲିଛି ସାଥେ ନେଇ ବାଦାମୀ ଧୂଳିର ପଥ,
ନିର୍ବିକାର ବିମୁଗ୍‌ଧ ପୁରୁଷ,
ଲୀନ ହୋଇଯିବା ପାଇଁ ଦିଗନ୍ତର ଆତୁର ଗୀତିରେ।
ପଛେ ମୋର ନିସ୍ୱବନର ଏ କରୁଣ ଛାଇ
ଯାହାଠୁ ମୁଁ ଆଲୋକ ଚାହିଁଥିଲି-
ସମୟକୁ ଟପିଯିବା ପାଇଁ।
ଆଗରେ ଆଗରେ ଅକାଳର ମାଛରଙ୍କା ସ୍ୱର ତୋଳି
ଝାମ୍ପି ଝାମ୍ପି ଥକୁଥିଲା ବାରମ୍ବାର
ମତ୍ସ୍ୟହୀନ ମୋ' ମନର ଜଳେ।
ଏ ଆକାଶ ତଳେ, ଚରାଭୂଇଁ ପରେ
କେଉଁ ଏକ ଚିହ୍ନା ଗାଈଆଳ ପିଲା ବଇଁଶୀ ସାଥିରେ
ଖେଦାଇ ଆଣୁଥିଲା ପଲତକ ଗାଈ-
ନିଶ୍ଚିହ୍ନ କରି ଘାସର ଯୌବନ,
ଆଉ ଫୁଟୁଥିବା ଟିକିଟିକି ଧଳା କୁନି ଫୁଲ।

ମୁଁ ଦେଖୁଛି ଅନ୍ଧୁଣୀ ମାଆକୁ-
ମଥାପିଟି ରାହା ଖୋଜେ ପାଇବାକୁ
ଆହାବୋଲି ପୁଅର ବାହାକୁ।
ମୁଁ ଶୁଣୁଛି ନୂପୁର ଧ୍ୱନି ଯେବେ ମାତାଲ ଅନ୍ଧାରେ
ଅଶ୍ଳୀଳ ନାୟିକା ଛାତି ଫାଟି ପଡ଼େ ମମତାର ନୀଡ଼େ।

ଆଗରେ ମେଘର ଡାକ।
ଶୁଣି ଶୁଣି, ଶୁଣାଇ ଶୁଣାଇ ଯେଉଁମାନେ ଯାଇଛନ୍ତି ଚାଲି
ମୋତେ କରି ଶୁଆପକ୍ଷୀ
କେବଳ ଯେ ଗାଇପାରେ ସେମାନଙ୍କ ଗୀତ।
ମୋ' ପଥରେ ଘାସଫୁଲ ଫୁଟେ ନାହିଁ
ପଦ୍ମଫୁଲ ଫୁଟେନାହିଁ ମୋ' ଆଖିରେ
ଏ ସକାଳେ ଯେତେବେଳେ ଆକାଶରେ
ବିଦେଶୀ ବିମାନ ପହଁରେ।
ତେଣୁ ମୁଁ ଆଲୋକ ଖୋଜୁଚି।
ଅନେକ ପତଙ୍ଗ ପରେ ମୁହିଁ ଏକା ତଟସ୍ଥ ରହିଛି ॥

ମୁଁ ଏବେ ଚାଲିଛି ଏ ମୋର ଗଳିର ଅନ୍ଧାରେ
ଶୂନ୍ୟ କୋଠରୀଟିଏ ମୁଁ ଯେମିତି
କାଳର ଜ୍ୟାମିତି। ଯେଣୁ ସେ' ଆଲୋକ
'ମୋ' ଅନ୍ତରର ନିର୍ଭୀକ ନିଷ୍ପତ୍ତି।

■

ଏ ପୃଥିବୀ, ସ୍ୱପ୍ନର ପ୍ରତିଧ୍ୱନୀ

"The world shows us our own image- an oasis of horror in a desert of tedium"- Baudelaire

କୁହୁଡ଼ିର କାନ୍ଥରେ ସୂର୍ଯ୍ୟର ଆଲୋକ ଯେବେ-
ଧୀରେ ଧୀରେ ମୁହଁ କାଢ଼ି
ଏ ପୃଥିବୀର ମୁହଁକୁ ଦେଖେ,
ଶୂନ୍ୟତାର ପରିଧି ଭିତରେ
ଆମେ ସବୁ ଜୀବନର ଅହଙ୍କାରୀ,
ନିଦୁଆ ଆଖିରେ
ସେଇ ମହଲଣ ଆଲୋକର ସନ୍ଧାନେ
ଏତେ ନିଃସହାୟ ଆଉ ଅଥର୍ବ ॥

ନିଘଞ୍ଚ ପାହାଡ଼ର ସବୁଜ ଅରଣ୍ୟ ଭିତରେ
ଯେଉଁ ଏକ,
ଅସଭ୍ୟ, ଆଦିମ ଯୁବକର ବଇଁଶୀ ବାଜୁଛି
ତାକୁ ଶୁଣିବା ପାଇଁ
ଆମେ ରାତିର ମନରେ ରତିର ସନ୍ଦେହ ଭରି
ଉତ୍କର୍ଣ୍ଣ ଓ ଉଦାସ ॥

ଉଆଁସର ଅନ୍ଧାର ପରି
ଏ ପୃଥିବୀର ସମସ୍ତ ଜୀବନ
ଏକ ଏକ ପରିହାସ ହୋଇ
ଆଲୋକର ଦେହକୁ

ଛିନ୍ନ ବିଛିନ୍ନ କରି
ବିଭତ୍ସ ରାକ୍ଷସ ରୂପରେ
ଉଲଗ୍ନ ତାଣ୍ଡବ ନୃତ୍ୟରେ ବ୍ୟସ୍ତ ॥

ସ୍ୱପ୍ନର ଅଭଙ୍ଗା କଣ୍ଢେଇ
ଆମେ ସବୁ
ହସୁଥାଉଁ, ନାଚୁଥାଉଁ।
ଆଉ ହସି ହସି ନାଚି ନାଚି
କ୍ଲାନ୍ତ ଓ ନିର୍ବୋଧ ॥

ସେଇ ସବୁ ସ୍ୱପ୍ନ
ଅଜନ୍ତା ପଥର ଦେହେ
ଅତୀତର ସ୍ମୃତି ପରି
ଏକ ଏକ ସମବେଦନା,
ଆମରି, ଏ ମନର ଜଡ଼ତାକୁ ନେଇ ॥

ପୃଥିବୀର ବିସ୍ତୀର୍ଣ୍ଣ ସାହାରା ଯେବେ-
ମରୁଦ୍ୱୀପେ,
ପ୍ରେମ ଓ ଈଶ୍ୱରଙ୍କର ଗୀତି ଗାଏ,
ସେ ମରୁଯାତ୍ରୀ କଙ୍କାଳର ସ୍ୱପ୍ନପରି
କିଛି ଅସ୍ଥି ଆଉ ଆସ୍ଥାନର ସନ୍ଧାନ କରନ୍ତି ॥
ବାଲିର ସ୍ତୂପପରେ
ଆକାଶର ଦେହ ଚିରି
ଯେଉଁ ଚନ୍ଦ୍ର ତନ୍ଦ୍ରାର ସ୍ୱରୂପ,
ତାହାରି ଦେହରେ
ମରୁଯାତ୍ରୀ ଅବସନ୍ନ ଓ କ୍ଲାନ୍ତ ହୋଇ
ସ୍ୱପ୍ନ ଦେଖେ-
ଏ ପୃଥିବୀ ଏକ ସ୍ୱପ୍ନର ପ୍ରତିଦ୍ୱନ୍ଦ୍ୱୀ ॥

ଅପୂର୍ଣ୍ଣ

ସଫେଦ ଶାମୁକାର ଭଗ୍ନାଂଶ ପରି
ଏଇ ଆମର ଜୀବନ।
କଜଳପାତୀ ଡେଣାମେଲି ପତ୍ରଝଡ଼ା ଗଛଟି ଉପରେ
ଉଚ୍ଛ୍ୱାସ ଭରି ଭଉଁରୀ ଖେଳିଲା ପରି ତାର ଅବକାଶ।
ସମୁଦ୍ରଠୁ ଦୂରେଇ ଦୂରେଇ
ଝାଉଁଗଛ ସବୁଙ୍କର ଶୀତ୍‌କାର ପରି, ତାର ଆବେଗ।
ପୁଣି ଶିମୁଳି ଫୁଲର ରଙ୍ଗ ଧୋଇ
ବିବର୍ଣ୍ଣ ହେବାରେ, ତାର ନିଷ୍ପତ୍ତି ॥

ଜ୍ୱଳନ୍ତ ଅରଣ୍ୟ ଭିତରେ ବଣମଲ୍ଲୀ ଦାହହେଲା ପରି
ଏ ଜୀବନ ଜଳିବାକୁ ଚାହେଁ। ଅଶ୍ୱତ୍‌ଥ ଗଛର ପତ୍ରେ
ଜହ୍ନଛାଇ ହଜିଯାଏ। ନିମ୍ବଫୁଲ ଝରିଯାଏ।
ଶିଶିରର ପିଆଲାରେ ପଦ୍ମ, ହାୟ ଛପିଯାଏ ॥

ଦାଦୀବୁଢ଼ା ଆସି ଠିଆ ହୁଅନ୍ତି, ଦୁର୍ବଳ, ନିଶ୍ଚଳ।
ନିରେଖି ଦେଖନ୍ତି ସିଏ ଆକାଶର ଏଇ ମେଘରେ
ଅଙ୍ଗାର ବଣମଲ୍ଲୀ ସବୁକୁ।
ମୃତ୍ୟୁର ଦହନ କରେ ବ୍ୟତିବ୍ୟସ୍ତ। ଉଠାଏ, ପକାଏ ॥

ଆମେ କିନ୍ତୁ ଇତିହାସ ପୋଥି ଖୋଜା ଆରବ ବଣିକ

ମରୁର ତୃଷ୍ଣାରେ ହଜେ ଅଷ୍ଟମୀର ଚାନ୍ଦିନୀ ନିଶୀଥ ।
ଲେଖି ଲେଖି ପୋଥିଦେହେ କଲମର ହଜିଯିବା କଥା,
ଇତି ହୋଇ ରହିଗଲେ, ଆମେ ସବୁ
ଯେମିତି ଗୋବରା ଫକୀର ।
ଦୂରୁ ଡାକେ ଈଗଲର ଝଡ଼ପକ୍ଷ
ଅନ୍ଧାର ଅସୁର । ବଞ୍ଚିବାର ଆତଙ୍କରେ
ଆମେ ସାଜୁଁ ଅପୂର୍ଣ୍ଣ ବିବର ॥

■

ପୂଜାଛୁଟି

ଛୁଟି ଓ ଛୁଟିଲେ ଘଟ
ଲାଗିଚି କେମିତି ମଣିଷ ହାଟ
ପୂଜାଛୁଟି ଓ ଅରଣା ମହିଷି ରହିଚି ଅନାଇ
ସମାଜବାଦୀର ସାହିତ୍ୟ ॥

କିଏ ସେ' ବ'ନ୍ଦୀ କରିବ ମହିଷିକୁ
ଯିଏ ବାନ୍ଧିଚି ବସା ସବୁ ମଣିଷ ଭିତରେ
ଅନ୍ଧାର ସମୁଦ୍ରଠାରୁ ଆକାଶ ଓ
ପୃଥିବୀର ମିଳନ ପର୍ଯ୍ୟନ୍ତ ।

ଅରଣା ମହିଷି ସେ' ରକ୍ତାକ୍ତ ପ୍ରାନ୍ତର ଭିତରେ
ଉଲଗ୍ନ ତା' ନୃତ୍ୟ ଓ ଚାରିପଟେ
ହରିବୋଲ- ଜୟ ମା' ବିରଜାଙ୍କ
ପ୍ରତିଧ୍ୱନି ଭିତରେ ସେ' ଆହତ
ତାହାକୁ ଶତ ଶକ୍ତି ରୂପିଣୀ
ବିଖଣ୍ଡିତ କଲେ ବି
ସେ' ଜୀଇଁ ଯାଏ ॥

ଛୁଟି ଓ ଛୁଟିଲେ ଘଟ ତାର
କିସ ଯାଏ- ସେ'ତ ପାପର ଅମୃତ ଚାଖିଛି
ପାପମୟ କଳୁଷିତ ପଙ୍କିଳ
ଜୀବନହ୍ରଦରେ ସବୁ ମଣିଷଙ୍କୁ ସେ'
ପୋଷା ମନେଇଛି ଓ ନଚଉଚି
ଉଲଗ୍ନ, ନୀତିହୀନ, କ୍ଷୁଧାତୁର
ତୃଷାତୁର ମଣିଷଙ୍କୁ ଓଡ଼ିଶୀନାଚ ଓ
କ୍ରମଶଃ ଓଟାରୁଚି କଙ୍କାଳମୟ
ରଙ୍ଗମଞ୍ଚର ଆଲୋକିତ
ସମୟ ମଧ୍ୟକୁ - ରଙ୍ଗବୋଳି
ପିନ୍ଧାଇ ଜରିଲଗା ପୋଷାକ ବିଚିତ୍ର
କିଏ ଏଠି ମହାରାଜ, ମନ୍ତ୍ରୀ ବା'
ପାରିଷଦ ବର୍ଗ ? ସବୁ ତୋର ଦାସ
ବା' ସଙ୍ଗାତ ॥

ଗଛ ଛାଇ

ମଧ୍ୟାହ୍ନରେ ରୂପାନ୍ତରିତ
ଶୀତୁଆ ସନ୍ଧ୍ୟା ତୁମେ
ପୁଣି ମଧ୍ୟାହ୍ନରେ କାକର ଉଲ୍ଲାସ
ଗ୍ରୀଷ୍ମର ଆଶାବାଡ଼ି ।
ପ୍ରତି ମୁହୂର୍ତ୍ତରେ ବର୍ଷୁଥିବା
ସମୟକୁ ତୁମେ ବାମନ-ଛତା କି !

କିଏ ବା' ଗରୀବ କୁ ସାହା
ତୁମ ଛଡ଼ା-ହିନସ୍ତା ମାତାର
ସ୍ତନାଗ୍ରରୁ ଝୁଲି ପଡ଼ିଥିବା ଶିଶୁର
ପାଣ୍ଡୁର ଓଠ କଣ ତୁମେ
ପଳାଶ କରିଦେବ ! ଖାଲି
ବିଞ୍ଚି ଉଡ଼ାଇ ଦେଉଚ ସିନା ଛାଇର ପଂଖାରେ
ଅପରିଛନିଆ ମାଛିପଲକୁ ତା'
ନିଦୁଆ ଆଖିରୁ ଓ ଦୁର୍ଗନ୍ଧମୟ
ତାର କାନ ଯୋଡ଼ିକରୁ ॥

କିଏ ବା' ସଂସାରୀକୁ ସାହା
ତୁମ ଛଡ଼ା-ପରଜା ଶୋଷଣଲାଗି
ଜମିଦାର ଠିଆହୁଏ ତୁମ ତଳେ
ଓ ନିରେଖି ଦେଖେ ଫସଲ ଅନ୍ୟର

କେତେ ଅଣା ହୋଇଅଛି
ଗନ୍ତାଘର ଭରିବ କି ନାହିଁ ଏ ବର୍ଷ ସତରେ-
ପୁଣି ତୁମେ ଆଶ୍ୱାଦିଅ
ଶୋଷିତ ପ୍ରଜାଙ୍କ ଘର ଉଜାଡ଼ିଗଲେ
ବିପତ୍ତିରେ ବା' ବନ୍ୟାର ଦାଉରୁ।
କଚେରୀ ହତାରେ ତୁମେ କେତେବଡ଼
ମହାପୁରୁଷ କି, ତୁମ ତଳେ
ପଶାପାଲି ହାରିବା ଜିତିବା
ଓ ଡାକ୍ତରଖାନାରେ ତୁମେ ଖାଲି
ପବନର କୋକେଇ ସଜାଇ
ଆହୁଲାଇ ଦିଅ ଅହଙ୍କାରୀ
ମଣିଷର ଜିତାପଟ ଶୂନ୍ୟବୋଇତକୁ
ନିଆଁର କୋଳକୁ
ଧୀରେ ଧୀରେ ଅତି ଧୀରେ
ଜଳିଯିବା ଲାଗି ଓ
ଚିରଦିନ ତୁମ ଛାଇ ଝୁଲିରହେ
ଏ ପଟରେ ସେ ପଟରେ
ମଝି ଦରିଆର ଜାହାଜଟି ହୋଇ ॥

■

ସହର

ସହର ଦୃଶ୍ୟ ଭଳି
ପ୍ରତାରିତ, ସମୟକୁ
ଭୁଲିବାରେ ଭୁଲ୍ ବା' କେଉଁଠି ?

ସହରର ଦୃଶ୍ୟ ଅର୍ଥ
ସକାଳର ଛଅଠାରୁ
ବେଗଗାମୀ ଟ୍ରାମ୍, ଟ୍ରକ୍, ଟେକ୍ସି
ରିକ୍ସା ବା ରେଳ ବା
ଦ୍ରୁତଗାମୀ କୋଳାହଳ ଅଫିସରୁ ସିନେମାର ଘର
ଓ ନିଜର ସଂସାର- ସବୁଠାରୁ ଦୃଶ୍ୟହିଁ କେବଳ
ଆତଯାତ ପ୍ରତାରିତ ସମୟର ଭିଡ଼ ॥

କିଏ କାହିଁ ? କେଉଁଠି ବା' ଘର ତୋର ?
ଆରେ, ଧୂଳି ଧୂସରିତ ବାବାଜୀଟି ପରି
ତୁଇ ଖାଲି ଘୂରିବୁଲୁ ଦିନସାରା ବଣୁଁ ଓ ପାହାଡୁ ଫେରି
ସନ୍ଧାନରେ ନିଜ ଚଟୀଘର- ଆହା,
କାହିଁ ତୋର କେହିବା ନିଜର, ଅତି ଗେହ୍ଲବସରର
ସଂସାର ତୋହର। ଠକି ଗଲୁ ?
ଖାଲି କଣ ଦୁଃଖଙ୍କର ଚିଲମାନେ ଉଡୁଥିଲେ
ଆକାଶରେ, ଖାଲି କଣ ହତାଶାର କୁଆମାନେ

ଚଟୀଘର ଛାତପରେ ଦିନ ରାତି ରଡି ଛାଡୁଥିଲେ ?
କି ସୁଖ ସେ ସହରରେ, କି ଆଶା ସେ ଚଟୀଘରେ ତୋର ॥

ଏଥର ସହରଦୃଶ୍ୟ ଫିସ୍ କରି ହସିଦେବା
ଷୋହଳବର୍ଷ ଝିଅପରି ପ୍ରଥମ ଦେଖାରେ
ବାରଣ୍ଡାରେ ବୁଲୁଅଛି ସକାଳ ସଞ୍ଜରେ ଓ
ହିନ୍ଦିଫିଲ୍ମ ହିରୋପରି ଦଳେ ଟୋକା
ପୋଲିସ ସାଜନ୍ତି ଟହଲି ଟହଲି
ତା' ସାମ୍ନାରେ, ହୁଇସିଲ ମାରି। ଯଦି ବା' ବୁଝନ୍ତେ
କେବେ ପ୍ରେମ କ'ଣ ? ସେମାନଙ୍କ ସ୍ନାୟୁରେ ତ
କୋକାକୋଲା ଓ ସେମାନଙ୍କ ମନରେ ତ
ହିନ୍ଦି ଫିଲ୍ମ ପ୍ରେମ। ପ୍ରତାରିତ ଆତ୍ମଦର୍ପଣରେ
ସେମାନେ ତ ବିହ୍ୱଳ କେଉଁ ଏକ
ବାଉଳ ଭିକାରୀ ॥

ଅଧରାତି ଆସିଗଲେ ଏ ସହର ଦିଶଇ ଶ୍ମଶାନ
ଏଣେତେଣେ ଉଡୁଥିବା କାଗଜ ଟୁକୁରା
ବଜାରର ପଚାସଢ଼ା ସବୁକିଛି ଆସି ଜମେ ଚାରିଆଡ଼େ
କୁକୁରଙ୍କ ରାଜୁତିରେ ସଭାବସେ ମଝିଦାଣ୍ଡ ପରେ'
ପଢ଼ି ପଢ଼ି ନିଦେଇ ପଡୁଥିବା ପିଲାପରି ବିଜୁଳୀଖୁଣ୍ଟରେ
ଆଖିସବୁ ଝୁଲୁଥାନ୍ତି ସହରର ହାଇ ମାରି ମାରି।
ସେତେବେଳେ ଫିଟିଯାଏ ଉପଗଳି ଦ୍ୱାର ଓ
ଚାରିଆଡ଼େ ଦୃଶ୍ୟଖାଲି ରକ୍ତ ମନ୍ଦାରର ॥

ଧନ୍ୟ ସିନା କହିବା ସହର ! ପ୍ରତାରିତ ଅହଂରୂପୀ ଭୂତଙ୍କର
କେଳି ନୃତ୍ୟ ଆହା, ସତେ କି ଚମତ୍କାର ॥

■

ଜଣାଣ: କଲେଜ ଛକ ଶିଶୁର

ତୁମ ଅନୁପସ୍ଥିତି ମନେ ପକାଏ ମୋର ନୀରବତାକୁ।

କୋଳାହଳ ଆତ୍ମହତ୍ୟା କରିପାରେ ବୋଲି
ମୁଁ ବେଶ୍ ଡରେ ଜହ୍ନ କାହିଁକି ରାତିକୁ ଗଭୀର କରେ।
ସହରର ଛକ ହଜିଗଲା ଶିଶୁପରି କାଳ କାଳ
ମଥା ଥାପେ ଘୂମନ୍ତ ରିକ୍‌ସାର ଦେହରେ।
ଏ ତ ନିଦ ନୁହେଁ?
ଶେଷରାତି ଟ୍ରେନ୍ କେତେବେଳେ ପହଞ୍ଚିବ।
ଏଇ ରିକ୍‌ସା ଖଣ୍ଡିକୁ ଦର କରି ଘେନିଯିବ।
ହାତପାତି କିଛି ନ ମାଗିଲେ ବି
ମୋ' ଆଡ଼କୁ ଭୟରେ ଅନାଇ
ମୁହଁ ପୋତି ମୋ' ଠାରୁ ମୁକ୍ତି ହିଁ ଚାହିଁବ।
ମୋ' କେହି ନିଜର ଆସିବ।
ମୋତେ କେହି କୋଳକରି ଘରକୁ ଘେନିବ!
ମୋତେ କେହି କାନ ମୋଡ଼ି ଶାସନ କରିବ!

ମା, ମୁଁ ମୋର ଶେଷକଥା ଅନେକ ଦେଖିଛି।
ମୁଁ ମୋର ମା, ବାପା, ଭାଇ ଓ ଭଉଣୀ–
କୁଡ଼ିଆଟି ନାହିଁ ବୋଲି ମୋତେ କେହି ଭିକାରୀ କହିବ?
ଶେଷରାତି ଟ୍ରେନପରେ ଶୂନ୍ୟର ଦାଣ୍ଡରେ
ପୁଣି ମୋର ଏକତ୍ୱ ବିସ୍ତାରି, ତୁମ ପାଇଁ ଅପେକ୍ଷା ମୁଁ କରେ।

ଯେଣୁ ମୁହିଁ ଶୁଣିଥିଲି ତୁମେ ଏକ ଶୂନ୍ୟଦାଣ୍ଡ, ଯାହାପରେ
ଆସିଥିଲା କୃଷ୍ଣଦୂତ ଗାଇଗାଇ ତାର କଦମ୍ବ-ସଙ୍ଗୀତ,
ଓ ସଙ୍ଗେ ତାର ଘେନିଗଲା ଶ୍ୟାମଳ ଶୂନ୍ୟ ବ୍ରହ୍ମାଣ୍ଡ ମୋହର।
ଏ ଅପେକ୍ଷା ଭଲଲାଗେ। ରାସ୍ତାର କଡ଼ରେ
ଚେଇଁବାକୁ ମନେ କରି ତୁମେ କିଆଁ ଆଉ ନ ଫେରିଲ।
ମୋତେ ଦେଖ, ମୁଁ ବିକଳ ତୁମରି ପ୍ରସ୍ତୁତି
ତୁମରି ଆଖିରେ ଲୁହ ମୋ' ଆଖିକୁ ଭିଜାଇ ଝରୁଛି।
ମୋ' କାହ୍ନୁରେ କିଆଁ ହେଲୁ ଆଜିର ଏ ବାଇଆ ଆକାଶ।
ଆକାଶ ମୋ' ଶୋଇପଡ଼,
ଏ ଛକରେ ତୋହରି ଆଶ୍ରୟ;
ଏ ଯୋଡ଼ ହାତରେ ମୋର ନିଦ ଭରି
ମୋତେ କର ଏକାନ୍ତ ସକାଳ ॥

ଏମନ୍ତେ ନୀରବ-ହୋଇ ମୁଁ କଲୁଛି ତୁମରି ସ୍ମିତିକୁ;
ଦିଅ ତୁମ କୋଳାହଳ, ଦିଅ ତୁମ ହାତରେ ବାରିସୀ
ମୁଁ ଖାଲି ସାବସ୍ତ୍ୟ କରେ ମୋ' ଧର୍ମକୁ
ଏଇ ଲମ୍ବା ପିଚୁରାସ୍ତା ବାଡ଼େଇ ବାଡ଼େଇ।
ନ ଆସିଲେ ନାହିଁ, ତୁମ ନ ଆସିବା ମୋତେ କରେ
ନୀରବ ଆହୂତି ॥

■

ପଥର କଟାଳୀ

ଗେଙ୍ଗୁଟି-ପଥର ଓ
ବାରିସୀର ମଣିଷଟି
ରାସ୍ତା କଡ଼େ
କି ଶାନ୍ତିରେ ନୀରବ ସେ'
ଭାଙ୍ଗୁଥାଏ ଗେଙ୍ଗୁଟି ପଥର
ମୋ' ମାସ ବଲାଙ୍ଗିର-ଖରା
ତା' ଦେହରେ ତରଳି ଯାଉଛି ॥

ଜୀବନର ପ୍ରତି ମୁହୂର୍ତ୍ତକୁ ଭାଙ୍ଗି ଭାଙ୍ଗି
ଯିଏ ଚୁନାକରେ-ତାର
କ୍ଷୁଧା ପଥର, ତୃଷ୍ଣା ପଥର, ଆଖିର ଲୁହ ବି ପଥର,
ମୋ' ମାସ ବଲାଙ୍ଗିର-ଖରା ହାରିଯାଏ
ଲଢ଼ି ଲଢ଼ି ତା' ମାଂସପେଶୀର
ଟାଣ ଦୁର୍ଗ ବିରୁଦ୍ଧରେ ॥

ସେ' ପଥର ଭାଙ୍ଗୁନି ଯେ
ଜୀବନର ସମସ୍ତ ଦୁଃଖକୁ ଭାଙ୍ଗି
ଚୁନା କରୁଅଛି ତାର ବାରିସୀ
ସବୁଦିନ
ଆକାଶକୁ ଉଠି ମାଟି ପରେ
ଥମ୍‌କରି ପଡ଼ି ଯାଉଅଛି- ସେ' ଜାଣିଚି

ତାର ଲକ୍ଷ ଆକାଶ ଓ ତାର ପ୍ରାପ୍ତି
ମାଟିରେ ଲୁଚି ରହିଥିବା ସମସ୍ତ ପଥର ॥

ଗେଙ୍ଗୁଟି ପଥର ଓ
ବାରିସୀର ମଣିଷଟିର
ସ୍ୱପ୍ନ ପଥର, ପ୍ରାପ୍ତି ପଥର, ଜୀବନ ପଥର ॥

ସମାଜବାଦ

ଗରମ କୋକାକୋଲା ଫିଙ୍ଗି ଦିଅ
ବରଫ ଥଣ୍ଡା କୋକାକୋଲା ପିଇଯାଅ ॥

ଏ ପ୍ରଚଣ୍ଡ ମଧ୍ୟାହ୍ନ ଖରାରେ
ଠେଲାଗାଡ଼ି ଠେଲି ଠେଲି ତୁମପାଇଁ ଯିଏ
ଗଳିଗଳି କୋକାକୋଲା ନିଏ
ସେ'ବି ତ ମଣିଷ। ତାକୁ ଫିଙ୍ଗି ଦେଉଛ ଯେ!
ତୁମେ ତ ଫେନ୍ ତଳେ ବସି-ଝାଳରେ ଜୁଡ୍ରୁବୁଡ୍ରୁ
ଝିଅଟିର ଦେହକୁ ଅନାଇ ଧୀରେ ଧୀରେ
ବୁନ୍ଦା ବୁନ୍ଦା କୋକାକୋଲା ପିଇ ଯାଉଅଛ।
କି ଶାନ୍ତି ସେ। ଅଥଚ ସେ'
ଜଳିଲା ଉହ୍ନେଇ ପରି ପିଚୁ ରାସ୍ତାପରେ
ଖାଲିପାଦ, ତୁମ ଲାଗି ଗାଡ଼ିକୁ ଠେଲୁଛି।
ତୁମ ଆତ୍ମତୃପ୍ତି ତା' କ୍ଷୁଧା ମାରେ
ଦେହର ଝାଳକୁ ଶୁଖାଏ, ଲୁଣିଆ କରେ ଓ
ସେଇମିତି ତୁମ ଖାଲି ବୋତଲରେ
କ୍ଲାନ୍ତିର କୋକାକୋଲା ଭରେ ॥

କି ନିର୍ଦ୍ଦୟ ତୁମେ ସବୁ-ପଇସା ଦେଉଛ ବୋଲି
ନିର୍ଭୟରେ ବେଖାତିର କରି ତା'ର ସ୍ଥିତି
ଓ ପଇସାରେ କିଣିନିଅ କ୍ଷୁଧା ତାର, କ୍ଳାନ୍ତି ଓ
ଦୁଃଖ ସମସ୍ତଙ୍କୁ ॥

ଜୟ ହେଉ ମଣିଷର! ଯିଏ କହେ
ସେ କି ଚିହ୍ନିଛି ସେଇ ଦରମଲା ମଣିଷକୁ କେବେ!
କି ଆଶ୍ଚର୍ଯ୍ୟ, ମଣିଷର ସୁଖଦୁଃଖ ସବୁକିଛି
ମଣିଷ ହିଁ ପଇସାବଳରେ କିଣି ନେଇ ପାରେ ॥

■

କ୍ଷୁଧା

କ୍ଷୁଧାଠାରୁ ବଡ଼ ଦୁଃଖ କାହିଁ !

ସେ ଦୁଃଖରୁ ତରିବାକୁ
ମୋ' ରିକ୍‌ସା ଯେତେବେଳେ
ମାଇଲ୍ ମାଇଲ୍ ଧରି
ମରୀଚିକା ବାଲିପରେ ଓଟ ହୁଏ
ଓ କାତରରେ ଭାଙ୍ଗିପଡ଼େ ଯେତେବେଳେ
ପ୍ରଚଣ୍ଡ ଗ୍ରୀଷ୍ମର ସୂର୍ଯ୍ୟ
ରକ୍ତ ଶୋଷେ, ମାଂସ ଶୁଖେ,
ପଡ଼ିରହେ କେଇଖଣ୍ଡ କଙ୍କାଳ କେବଳ
ମୃତ୍ୟୁଠାରୁ ବଡ଼ ମୁକ୍ତି କାହିଁ ?

ସେଇ ମୁକ୍ତି ଲାଗି
ମୋ' ରିକ୍‌ସାର ତିନିଚକ ଚରଚର
ଘୂରିବୁଲେ
ଚମ୍ପାଫୁଲ ଦୋକାନରୁ ମଦଭାଟି
ମନ୍ଦିରରୁ ପାତଳା ପର୍ଯ୍ୟନ୍ତ
ଆଲୋକିତ ସହରରୁ ଅନ୍ଧାରର ଅର୍ଗଳି ମଧ୍ୟକୁ ।।

ସବୁଠି ତ ଦୁଃଖ ଖାଲି
ସବୁଠି ତ ମଣିଷଙ୍କ ଭିଡ଼

ଭିଡ଼ ଠେଲି ଯିବାବେଳେ
ମୁଁ ମୋର କାନ୍ଧେଧରି କ୍ଲାନ୍ତିର ବେହେଲା
ନୀରବରେ ସୁର ଧରେ
ଆହା, କି ଦୁଃଖ ସେ ପ୍ରଭୁ
କେହି କଣ ଜନ୍ମିନାହିଁ ଶୁଣିବାକୁ ମୋହର ସଙ୍ଗୀତ
କ୍ଷୁଧା ମୋର ଜଳିଜଳି ମୋତେ କରେ କେଉଁ ବ୍ଲାଷ୍ଟଫର୍ଣ୍ଣେସ ॥

■

କାଠହଣା

ସୂର୍ଯ୍ୟାସ୍ତ ପହଁରେ କିପରି ବଳଙ୍ଗ ଜଳରେ
ଯେତେବେଳେ ପାହାଡ଼ ଅନାଇ ଆଣ୍ଠୁଏ ନଈରେ ସେମାନେ
ଜଙ୍ଗଲର ବାସ୍ନାକୁ ମନେକରି ବାଘ ଆଖି ସପନ ଦେଖନ୍ତି ।
ଜେଜେବାପା କହିଥିଲେ ଜଙ୍ଗଲର ଠାକୁରାଣୀ ଡରେ
ଚଢ଼େଇର ରକ୍ତ ଝରେ, ସହରର ଧୂଳିପରି
ଲେମ୍ପପୋଷ୍ଟ ବିଜୁଳୀ ତାରରେ ॥

ସେ ଡର ବାଘ ଆଖି ସତେ । ଠାକୁରାଣୀ ବୋଲି କିଏ,
ପଥରର ଚିକ୍‌କଣ ଦେହରେ ସିନ୍ଦୂର ଦାଗଟିଏ ଶୋଇ ରହେ
ବାଉଁଶ ବଣରେ ପୁଣିଥରେ ଚଢ଼େଇଟି
ବାରମ୍ବାର ଡାକ ଛାଡୁଥାଏ ॥

ବଳଙ୍ଗ ବୋହୁଛି ପୁଣି ଅକାତରେ
ହଳଦିଆ ପତରଟି ଓଲଟୁଛି ସବୁଜ ଢେଙ୍ଗରେ ।
ସେମାନେ ଏଥର ତୁଠରେ, କାଠହଣା କରତରେ ଲାଗିରହେ
କାଠଗୁଣ୍ଡ, ଝରିବାକୁ ସହରର ବୁନିଆଦି କାଚଝରକାରେ ।
କାଠଗୁଣ୍ଡ, ଝରକାର ସବୁଆଡ଼େ, ରକ୍ତାକ୍ତ ପାଦରେ
ଆମେସବୁ କୋଳାହଳ ଜଙ୍ଗଲରୁ ଫେରିବା ବାଟରେ ।
ଏ କି କଥା ସହର ଜଳୁଛି ଏବେ, ନିଆଁଖସେ
ବଳଙ୍ଗ ଜଳରେ, ସହର ପାଉଁଶ ହୁଏ, ପୁଣି ହୁଏ
କାଠହଣା କରତ ମୁନରେ ॥

ଜଙ୍ଗଲ ଡାକିଛି ବୋଲି ସେମାନେ ତ ପଚାରି ନାହାନ୍ତି
ମୁର୍ଦ୍ଦାରଟି ପୋଡ଼ିବାକୁ କେତେ ଖଣ୍ଡି କାଠ ଲାଗିପାରେ
ଅଥଚ ସେମାନେ କାଠହଣା ଶେଷକରି ବାଘ ଡ଼ରେ
ଅଣନିଶ୍ୱାସୀ ଧାଇଁଛନ୍ତି ରାତିର ଅନ୍ଧାରେ ॥

ସେମାନେ ତ କାଠପରି ବଳଙ୍ଗ ଜଳରେ ଭାସୁଥିଲେ
ସାମୟିକ ମୁକ୍ତି ପ୍ରତୀକ୍ଷାରେ । ସହର ମାଗିବ କାଠ,
କେତେବେଳେ ଗଢ଼ିବ ଖେଳନା, କାଚ ଆଖି ଲଗାଇବ,
ରଙ୍ଗଦେଇ ଆଚମ୍ବିତ ହେବ । ବାଘ ଖାଲି
ହସୁଅଛି ସେଠି, ସେ ରଙ୍ଗରେ କାଠ ଆଉ
ଚିହ୍ନି ହେଉନାହିଁ, ଠାକୁରାଣୀ ପୂଜାହୋଇ କହୁନାଇଁ
ମୁଁ ହୋଇଛି ନଈଜଳେ ଦିନେ କେବେ ଫିଙ୍ଗା ହେବପାଇଁ ॥

କାଠହାଣି ନାଚୁଛନ୍ତି, ସେମାନେ ତ ଜଙ୍ଗଲ ସନ୍ତାନ
ଜେଜେବାପା କହିଥିଲେ ରଙ୍କନିଧି ମୋ' କଥା ମାନ
କାଚଭାଙ୍ଗି ଝରକାରେ କାଠ ଦିଅ, ଦିନର ଆଲୁଅ
ମୋ' ଆଖିରେ ଫୁଟୁଅଛି ସବୁବେଳେ କେତେ ବେପରୁଆ
ବୟସର ଶେଷଅଛି, ମରିବାର ଅର୍ଥ ଖୋଜିଗଲେ
ଜଙ୍ଗଲର ଠାକୁରାଣୀ ଅନ୍ୟ ଏକ ଚଢ଼େଇ ତଣ୍ଟିରେ
ମହୁଲ ନିଶାରେ ନାଚିଉଠେ ରକ୍ତ ପିପାସାରେ ॥

■

ରବିବାର

ସମବେତ କଣ୍ଠସ୍ୱର ଠାରୁ ଭଲ
ଏକାନ୍ତ ନିଜର ସଂଳାପ
ସମବେତ ବନ୍ଧୁଙ୍କର ଠାରୁ ଭଲ
ମୋହର ହୃଦୟ କୋଲପ,
ଗନ୍ତାଘର
ଖୋଲି ହୁଏ ନାହିଁ ତ କେବେ ଯେ।
ରବିବାର! ତୁମେ ସୁପ୍ତ ଯେତେ ଫୁଲ କଢ଼ଙ୍କ ମୁହଁରେ
ଚୁମାଦେଇ
ଜଣାଇ ଦିଅକି
ଗନ୍ତାଘର ଆଜିପାଇଁ
ଖୋଲା ରହିପାରେ।
ମୁକ୍ତ ପ୍ରଜାପତିମାନଙ୍କ କି ଆନନ୍ଦ ସତେ ଯେ!
କି ଲାଭ ଅପେକ୍ଷା କରି ଏ ଗ୍ରୀଷ୍ମର ବଜାରରେ
ଯିଏ ତ ଆସିଲା ଖାଲି, ଦେଖାଇଲା ରଜାଙ୍କ ମୋହର
କିଏ କବି, କିଏ ବା' ଭାବୁକ
କିଏ ବା ନର୍ତ୍ତକୀ, କିଏ ସନ୍ୟାସ ପ୍ରବୀଣ
ପାଇଛନ୍ତି ପୁରସ୍କାର ରବିବାର ଦରବାରେ
ରଜାଙ୍କ ସ୍ୱର୍ଣ୍ଣର ମୋହର।
ରବିବାର, ରାଜନୀତିର ଭଣ୍ଡାର ॥

ରବିବାର ଆସିଥିଲା ନକହି କାହାକୁ କିଛି
ଭୟଙ୍କର ଭୂତପ୍ରେତ ଗଳ୍ପ
ଓଜାଡ଼ି ଦେଇଥିଲା ସିନ୍ଦୂରକୁ, ଛିଣ୍ଡାଇ ଫିଙ୍ଗିଥିଲା
ଦେହର ବସନ
ମନ୍ତ୍ର-ମୁଗ୍ଧ ସୈନିକର ପ୍ରଚଣ୍ଡ ଆଘାତେ ଟଳି ପଡ଼ିଥିଲା
ମାଂସର ନଅର
ରବିବାର ଆସିଥିଲା ଛିନ୍‌ଭିନ୍ କରିସବୁ
କୈବର୍ତ୍ତଙ୍କ ସୁନାମାଛ ଜାଲ
ଫିଟାଇ ଦେଇଣ ସବୁ ସୁନାର ଚିତ୍ରିଣୀ ମାଛକୁ ଯେତେ ଯେ !

ହଠାତ୍ ସେ ଦିନ ଓହ୍ଲାଇଲା ରବିବାର ପାହାଡ଼ରୁ
ନଇଁ ନଇଁ ବୃଦ୍ଧଜନ ପ୍ରାୟେ
ପିଠିରେ ତା' ଭାରି ବୋଝ
ଆଖିରେ ତା' କୁହୁଡ଼ି ପିପାସା
ଅକ୍ରୁର ନୁହଁ ତ ସିଏ
ଖାଲି ଏକ ଦରିଦ୍ର କନ୍ଧ ଯେ ।
ଆଗରେ ତା' ମଉଛବ । ଆଗରେ ତା' ନେତାଙ୍କ ଭାଷଣ
ତା' ପାଇଁ ପ୍ରତିଶ୍ରୁତି ଆହା ବୋଲି ରବିବାରଟିଏ
ହାଟରୁ ପାଇବ ଯାହା, ସାହା ଆହା ତାହାର ଯେ !

ରବିବାର ସମାଜକୁ ଦେଖେ
ରବିବାର ଆମକୁ ନିକୁଟେ
ଆଖିମାରେ
ହସିହସି ଫାଟି ପଡ଼େ
କିପରି ଦୁଷ୍ଟ ସେ !
ଏ ଦେଶରେ ରବିବାର ଚାରିଆଡ଼େ !

ଖୋଲା ବଜାରରୁ ଆମ୍ଭାର ବଜାର,
ଚମତ୍କାର । ତୁମ୍ଭ ପୋଲିସ ଆଖିରେ
ହିପ୍‌ପୀ
ରାଜା
ନକ୍‌ସଲ
ସମାଜବାଦୀ
ସମସ୍ତେ
ସମାନ ॥

■

ବଙ୍ଗଳା ଦେଶକୁ

ମଣିଷକୁ ଜୟକରି ଲାଭ କଣ ?
ବିଜୟ ଧ୍ୱଜାରେ ଯଦି ଜିଣିବାର ଅହମିକା ଥିଲା
ଘୋଡ଼ାର ଟାପୁରେ ଯଦି ପଲପଲ ମାଂସ ଝୁଲୁଥିଲା
ଖଡ଼୍‌ଗର ତୀକ୍ଷ୍ଣଧାରେ ରକ୍ତର ମନ୍ଦାର ଶୋଭିଲା
ମଣିଷକୁ ଜୟ କରି ଲାଭ କ'ଣ
ପରାଜିତ ନୁହେଁ ତ କେବେ ସେ' !

ଭୁଲଥିଲା କମାଣର ଧ୍ୱନି
ମିଛଥିଲା ଯୁଦ୍ଧକ୍ଷେତ୍ର
ପ୍ରଭୁଙ୍କର ଲୀଳାକର୍ମ ଲାଗି
ବିକଳ ଆତ୍ମାଙ୍କର ଆର୍ତ୍ତନାଦ ଶୁଭୁଥିଲା
କେବଳ ହିଁ ଚକ୍ରଟିଏ ଘୁରୁଥିଲା ଚତୁର୍ଦ୍ଦିଗ

ଭୟଙ୍କର ପ୍ରଭୁ ପରାଜୟ !
ମଣିଷର ସୃଷ୍ଟିପରେ ପରାଜୟ ମିଛ ଅହମିକା ।
ବିଧବା ନାରୀର ଶଂଖା କାନ୍ଦିବାରେ ଶେଷ ହେଲାପରି
ବାରୁଣୀ ଘାଟରେ ପରାଜୟ, ମୃତ୍ୟୁ ପ୍ରଭୁ କାନ୍ଦୁଥିଲା ।

ଜୀବନର ମୃତ୍ୟୁ କାହିଁ ? ମଣିଷର ମୃତ୍ୟୁ କାହିଁ ?
ନଉକା ନାୟିକା ହେଲେ ବୁଡ଼ିବ ଯେ ଭେଳା-

■

ବଙ୍ଗଳା ଦେଶକୁ (୨)

ଫୁଲଟିଏ ଫୁଟିବାରେ
ଆପତ୍ତି କାହିଁକି ?
ରକ୍ତର ସ୍ଫଟିକମାନେ ଉତ୍ତେଜିତ କୋଳାହଳେ
ମୁକ୍ତହେଲେ ବନ୍ଧନ କାହିଁକି ?
ମଣିଷର ସ୍ୱପ୍ନ ବି ଯେମିତି
ସେମିତି ତା' ସୁନ୍ଦର ସଂସାର
ସ୍ୱପ୍ନର ପ୍ରଜାପତି
ମାନେ ନୁହେଁ ସ୍ନାୟୁର ସୁଡ଼ଙ୍ଗେ
ସ୍ୱପ୍ନର ପ୍ରଜାପତି
ଯେମିତି ଦୋହଲେ ଫୁଲଙ୍କ ବିଛଣାରେ
ସେଇମିତି ଏ ମନ ସ୍ୱାଧୀନ ହେବାରେ
ବାଧା ବା କାହିଁକି ?
ଧ୍ୱଂସର କରାଳ ମୂର୍ତ୍ତି ଯୁଦ୍ଧ ଓ ସଂହାର
ତା' ଭିତରେ ଫୁଲଙ୍କର ବିଛଣାରେ ପ୍ରଜାପତି
କାକୁସ୍ଥ ମୃତ୍ୟୁର ଶରୀରକୁ ଧରି ନୀରବ କାହିଁକି ?
ଉଠିବ ସେ
ସୁନାର ଧରିତ୍ରୀପରେ ଧ୍ୱଜାତୋଳି
ସ୍ୱରତୋଳି ଆଗାମୀ ଦିନର
ମୁକ୍ତିର ସଂଗ୍ରାମୀ ଆମେ। ମଣିଷର ପ୍ରଭୁତ୍ୱରୁ
ମୁକ୍ତିର କାମନା।

ମୁକ୍ତିଦିଅ ମଣିଷକୁ ଚିରକାଳ ଲାଗି ।
ଧ୍ୱଂସକର, ଯୁଦ୍ଧକର ପୃଥିବୀର ବିବର୍ତ୍ତନ ପାଇଁ
କିନ୍ତୁ ନୁହେଁ ମଣିଷକୁ ପଶୁପରି ଗୁଳିବିଦ୍ଧ କରିବାର ଲାଗି,
ଯୀଶୁଉଦ୍ଧରୁ ମୁକ୍ତି କାହିଁ ଆଉ-ଶରବିଦ୍ଧ କୃଷ୍ଣଙ୍କର ପାଦତଳେ
ଶବରର ଜଣାଣ କାହିଁକି ?
ସ୍ୱାର୍ଥପାଇଁ କୋଟ୍‌ଦେହେ ସଜାଇବା ଲାଗି
ଫୁଲକୁ ତୋଳିବା-ଫୁଲଙ୍କ ମୃତ୍ୟୁଠୁ ଭଲ
ଜଳିଯିବା ଅହଙ୍କାରୀ ସମୟର ବସ୍ତ୍ର ।
ନିରୀହତାର ସ୍ୱର କେବେ ଉଠିବ, ଉଠିବ
ଯୁଦ୍ଧ-ମୁକ୍ତ ମଣିଷର ପ୍ରାଣେ-ସେଇଦିନ
ଅବଶ୍ୟମ୍ଭାବୀ,
ମାନଚିତ୍ର ନୂତନ ପୃଥ୍ୱୀର
ମୁକ୍ତ ମଣିଷର ଦେଶ- ଆଉ ତାର ସୁନାର ଫସଲ ।
ଉଠିବ ସେ ଉଠିବ ସେ
ସୁନାର ଧରିତ୍ରୀ ପରେ ଧ୍ୱଜା ତୋଳି
ସ୍ୱରତୋଳି ଆଗାମୀ ଦିନର ॥

■

କୋଇଲି

ସହସ୍ର ବଇଁଶୀର
ଇଚ୍ଛାମାନଙ୍କର ପ୍ରକମ୍ପିତ
ଉଲ୍ଲସିତ ସମୟର ସ୍ୱର
ଲୋ କୋଇଲି, ଆମ୍ବଗଛ ଉହାଡ଼ରେ
ଅଦିନ ବର୍ଷାର ପରେ
କଜଳ ମେଘର
ପରଟିଏ, ଉଡ଼ିଆସି ତୁ କି
ଡାଳପରେ ଦୋହଲୁଚି
ତୁ ମୋର ଉତ୍ତରମେଘର ସଂକ୍ଷିପ୍ତ ସଂଳାପ
ତୋତେ ମୁଖସ୍ଥ କରିବାକୁ
ଶତ ଚେଷ୍ଟାପରେ ବି, ତୋ' ସ୍ୱରକୁ
କାନ ଡେରି ରହିଛି ମୋ' ଝରକା
ଖୋଲାରଖି କାଳ କାଳ ପାଇଁ ॥

ଜନତାର ଦରବାରେ ଲୋ କୋଇଲି
ତୁ ଖାଲି ଚିତ୍ରିତ ମଧ୍ୟାହ୍ନ ମାନଙ୍କର
ଚୈତ୍ର-ପବନରେ ଦୋହଲୁଥିବା
କାଚ-କଣ୍ଢେଇ, ଧରିପାରିଲେ
ରାଜଦାଣ୍ଡରେ, ଫିଙ୍ଗିଦେଇ
ତୋତେ ଚୁନ୍ ଚୁନ୍ କରି ଦିଅନ୍ତେ ସେମାନେ ଓ
ମୁଁ ମୋର ଖୋଲା ଝରକାକୁ

ବନ୍ଦ କରି ଦିଅନ୍ତି, କାନ୍ଦନ୍ତିକି ନାହିଁ
କେଜାଣି ! ତୋର ପାଇଁ କିସଯାଏ
ମୋର ବା' ସେମାନଙ୍କର,
ଗଛରେ ଚୈତ୍ର ଚରିଲେ ତ ତୋହପରି
କେତେ ଆସି ଧରାଦେବେ, ନିଜ ସ୍ୱରକୁ ଲମ୍ବାଇ
ଉଲଗ୍ନ ରାତିର କୋଳକୁ ଠେଲି ଦେବେ,
ତୁ କି ବ୍ୟାକୁଳ ଋତୁର ବିଷାଦ ଯେ
ଖାଲି ଆହୁଲେଇ ଦେଉଚୁ
ସ୍ଥିର ଜଳ ଭିତରକୁ; ପ୍ରୀତି ଚନ୍ଦନର ହୋଲି ଖେଳ
ତୋହର ଯେ ସରେ ନାହିଁ କେବେ !

ଜନତାର ଏ ଦରବାରେ କେବଳ ହିଁ ଚିହ୍ନାଜଣା
କେତୋଟି ଅସ୍ଥାୟୀ ମୁହୂର୍ତ୍ତ ଓ ଦରବାରର
ସମସ୍ତ ପ୍ରହରୀ ଯନ୍ତ୍ରବତ୍
ଉତ୍ତେଜିତ ଚକ୍ ଚକ୍ ଖଣ୍ଡାଧାରେ
ତୋର କୋମଳ ପ୍ରେମକୁ ଖଣ୍ଡ ଖଣ୍ଡ କରି
ପାଗଳ ସଦୃଶ କାପାଳିକ ସାଜି ଶ୍ମଶାନେ ନାଚନ୍ତି
କୋଇଲିଲୋ, ଏଠାରେ ରକ୍ତର ହୋରିଖେଳ
ଏମାନଙ୍କ ଯେ କେବେ ସରେ ନାହିଁ ॥

ତୁ ସିନା ବାହୁନୁଛୁ ବାରମ୍ବାର
ତୋର ଗୋପୀମାନେ ତୋ' ସ୍ୱର ଶୁଣିପାରିଲେତ !
ସେମାନେତ କେଉଁଠି ଦେଖ ଯା' ନିଶାଖାଇ
ଗଡୁଥିବେ ମାଛପରି ଖୋଲା ଆକାଶକୁ
ନିଜ ନଗ୍ନ ପଦ୍ମଛାତି ଦେଖାଇ ନଚାଇ
ନୂଆ ସଂସାରଟି ବୋଲି
ଦାସତ୍ୱର ଶିକୁଳିରେ ଛନ୍ଦିହୋଇ
ରକ୍ତାକ୍ତ ଦେହରେ ବିକଳାଙ୍ଗ
ହାତମାନଙ୍କର କୋଲପ ଚାପରେ

ଅଣଶ୍ୱାସୀ ହୋଇ। କି ସୁଖସେ'
ବଞ୍ଚିବାରେ ତୋତେ ଭୁଲି, ତୋର
ସ୍ୱରକୁ ଶୁଣି ଦିନେ ସହସ୍ର ଗୋପୀଙ୍କ ବସନ
ଖସି ପଡ଼ି ଲୋଟୁଥିଲେ ତଳେ ଅଜାଣତେ।
କୋଇଲିଲୋ, ତୁ କାହିଁକି
ଏ ଚୈତ୍ରକୁ ବ୍ୟାକୁଳ କରୁଚୁ
ଚୈତ୍ରର ମାସଯେ ଫାଇଲ୍, ପରୀକ୍ଷା ଓ ବର୍ଷକର
ହିସାବ ନିକାଶ ଭିତରେ
ବଞ୍ଚିବି ମରିଛି
ସେତେବେଳେ ତୋହର ଡାକକୁ
ଶୁଣୁଛି କିଏ ଯେ, ଲୋ କୋଇଲି
ତୁ ଚୁପ୍ ହୋଇଯା'
ଜନତାର ସୁଅ ମୋ' ଆଡ଼କୁ ଦରଦାମ ବୃଦ୍ଧି,
ହରତାଳ, ସିନେମା ପୋଷ୍ଟର
ସରକାରୀ ନୂଆ ଶୁଳ୍କର ହିସାବ ନେଇ ଢେଉ ଭଳି
ମାଡ଼ି ଆସୁ ଅଛି। ତୁ ଉଡ଼ିଯା
ମୁଁ ମୋର ଏଠି ଆପଣାର ବୋଲି
ଝରକାଟିଏ ବନ୍ଦ କରି ନିଏ
ତୁ ଗୁପତରେ ବାହୁନିବୁ କେଉଁଠି କେଜାଣି
ମୁଁ ଏଠି ଅପେକ୍ଷା କରିଲି
ବନ୍ଦ କୋଠରୀର ଗଭୀର ନୀରବତାର
ସାନ୍ତ୍ୱନା ମଧ୍ୟରେ ଅବାକ୍
ନକ୍ଷତ୍ରପରି ଜଳି ଜଳି।

■

ପ୍ରତ୍ୟାବର୍ତ୍ତନ

ମନାକରୁନି ତୁମ ଲୁହ କେମିତି ଲିଭାଏ ମୋ' ମନର ନିଆଁକୁ।

ସେମାନେ ଷ୍ଟେସନ ଯାଆନ୍ତି। ଟ୍ରେନ୍‌କୁ ଦେଖନ୍ତି।
କାହାରିକୁ ଖୋଜି ଖୋଜି ଗୁଲେ ସିଗାରେଟ୍ ଜାଳନ୍ତି।
ଷ୍ଟଲ୍‌ର ମ୍ୟାଗାଜିନ୍ ଗୁଡ଼ିକ ପରେ ଆଖିବୁଲାଇ
ଛାଡ଼ିଯାନ୍ତି ଅଙ୍ଗୁଳିର ବ୍ୟସ୍ତ ସମୟ ଗୁଡ଼ିକୁ।
ଭିକାରୀ ପିଲାଟି ନିହାତି ବ୍ୟସ୍ତକଲେ
ପ୍ଲାଟଫର୍ମ ପୋଷ୍ଟର ଗୁଡ଼ିକୁ ଗୋଟାଏ ଲୟରେ
ବିଶ୍ଳେଷଣ କରି, ଭୁଲିଯାନ୍ତି ତାର ଉପସ୍ଥିତି ॥

ଟ୍ରେନ୍ ଆଜି ଅନେକ ଡେରି।
ସେଇ ଦୂର ଅଂଧାର ଭିତରୁ ସାଉଁଟି ଆସୁଚି
ପ୍ରାପ୍ତିର ଆଲୋକ। ପ୍ରଲୋଭିତ କରି
ଓହଳି ରହୁଛି ସିଗନେଲ ରଙ୍ଗର ଭିତରେ।
କେମିତି ହଠାତ୍ ଅଚିହ୍ନା ବନ୍ଧୁ ନମସ୍କାର କରି
ଫେରାଇ ନିଅନ୍ତି ପୁରୁଣା କଲେଜକୁ, ଟେନିସ୍ ପଡ଼ିଆକୁ।
ମନାକରି ହୁଏନି ଯେଉଁମାନେ ମୋ' ହାତ ଚାପି
ବାରମ୍ବାର ଅନୁରୋଧ କରନ୍ତି ଟିକିଏ ସାହଚର୍ଯ୍ୟ
ଚା' କପେ ପାଇଁ। - ମୁଁ ତଥାପି ଅନ୍ୟମନସ୍କ-
ଷ୍ଟେସନ ରୋଷଣୀରୁ ଦୂରେଇ ଦୂରେଇ
ଅଂଧାରର ସିଗ୍‌ନେଲ ଓଟାରୁଛି ତଳକୁ ଚପାଇ।

ମୁଁ ଅସହାୟ।
ଟି. ଟି. ଆଇ. ବନ୍ଧୁମୋର ହସୁଛନ୍ତି ମୋ' ଆଡ଼କୁ ଚାହିଁ।
ସେ ନିଷ୍ଠୟ ଜାଣିଛନ୍ତି କେମିତି ମୁଁ ଆସେ ଖୋଜି
ଏ ନିଷ୍ଠିତ ଟ୍ରେନ୍‌ର ଦେହରେ ମୋ' ଯେତକ
ଅସମ୍ପୂର୍ଣ୍ଣ ସ୍ୱପ୍ନିଳ ଅବଶ ନିଆଁକୁ।
ମୁଁ ମନା କରୁନି,
ତୁମ ଲୁହ କେମିତି ବି ଲିଭାଏ ସେ' ମନର ନିଆଁକୁ।
ଯେତେବେଳେ କ୍ଳାନ୍ତ ହୋଇ ମୋ' ହାତକୁ ଚାପିଧରି
ତୁମେ ପୁଣି ଚାଲିଯାଅ କଳାଧୂଆଁ ଉଡ଼ାଇ ଉଡ଼ାଇ ॥

ମୁଁ ଅନାଏ ତୁମରି ଲୁହକୁ।
ଟ୍ରାଉଜର ପଛପଟେ ଓଦା ପାପୁଲିକୁ ମୋର
ପୋଛି ପୋଛି ମୁଁ ବି ଫେରେ,
ଟି.ଟି.ଆଇ. ବନ୍ଧୁମୋର ସମସ୍ତଙ୍କୁ ଟିକେଟ୍ ମାଗନ୍ତି ?

■

ଜଣାଣ: ୧୯୭୧

ଧନ୍ୟ ତୁମ ମନ ପ୍ରଭୁ ଜଗନ୍ନାଥ ।
ତୁମଲାଗି ନାହିଁ ଆଉ ଜଣାଣ-ବ୍ରହ୍ମାଣ୍ଡ ।
ତୁମ ଲାଗି ଅଛି ଖାଲି ଛଳନା-ସାମ୍ରାଜ୍ୟ ॥

ଧନ୍ୟ ତୁମ ମନ ପ୍ରଭୁ !
ତଥାପି ତୁମେ ତ ଏତେ ଦୂର
 ଅଥଚ
 ନିକଟ,
ତଥାପି ତୁମେ ତ ଏତେ ସତ
 ଅଥଚ
 କି ମିଛ,
ତଥାପି ତୁମେ ତ ଏତେ ସୁନ୍ଦର
 ଅଥଚ
 ବିକଳ ॥
ଧନ୍ୟ ତୁମ ମନ ପ୍ରଭୁ !
ଏସବୁରୁ ଯଦିଓ ତୁମର ଚରିତ୍ର କେତେ ଭିନ୍ନ
ମୁଁ ପାରିଛି ଜାଣି
ତଥାପି ତ ପ୍ରତି ନୂଆବର୍ଷ
ମୋତେ କେତେ ବ୍ୟତିବ୍ୟସ୍ତ କରେ
ଯେପରିକି ମୁଁ ଜାଣିନି ଚଢ଼ିବାକୁ
ତୁମଲାଗି ପ୍ରଥମ ପାହାଚ ॥

ଅନ୍ୟମନସ୍କ

॥ ୧ ॥
ଏତେ ବର୍ଷାରେ
ଚଢ଼େଇ ବସା
ଭାଙ୍ଗିଯିବାରେ ପିଲାଙ୍କ ଆନନ୍ଦ
ଚଢ଼େଇ କାନ୍ଦ
ବୁଝି ହୁଏନି ବୋଲି ପିଲାଙ୍କ ନାଚ

ପିଲେ, କାନ୍ଦୁଚନ୍ତି
ବାଲିଘର ଭାଙ୍ଗି ଦେଇଚି ବର୍ଷା
ମା' ମାନେ ଧାଉଁଚନ୍ତି
ମଣିଷ କଥା ବୁଝିହୁଏ ବୋଲି
କେତେ ଦୁଃଖ ॥

॥ ୨ ॥
ଏତେ କୋଳାହଳରେ
    କୁଆଟି ଚୁପ୍
ବିଜୁଳି ତାରରେ ଓହଳିଥିବା
    ବିଷାଦର ଘୁଡ଼ି ଡେଣା କାଟୁଚି ଅଥଚ
ମେଘ କନ୍ୟା ମାନଙ୍କ ପଣତରେ
ଶ୍ରାବଣର ପାଉଁଶିଆ ଆକାଶ
ଚଲାପଥରେ ଶୁଖିଲା ପତ୍ରମାନଙ୍କ ଓଦାଳିଆ
    ଶୀତ୍କାର ଶୁଭୁଚି ମାତ୍ରକ

ଏ କି ନ ହେଲା କଥା
ନଗର ବାହାରେ ଦସ୍ୟୁ ଶିବିର ତୋଳିବାକୁ
ନଗର ଭିତରେ ସୁନା ରୂପା ମୋତି ମାଣିକରେ
ଭରି ଯାଇଛି ବଣିକ ଭଣ୍ଡାର ॥

॥ ୩ ॥
ଆଗରୁ ମା' କହୁଥିଲେ
ପୁଅ ମଣିଷ ହ'ରେ ବଡ଼ ହେଲେ
ମଧୁବାବୁ ପରି ଘୋଡ଼ା ଚଢ଼ିବୁ

ଏବେ ସେଇ ମା' କହୁଚି
ପୁଅ ବଡ଼ ହେଲୁରେ ପଇସା କାହିଁ
ଅଭାବ ଖାଉଛି ଗଣ୍ଡି
କି ଚାକିରୀ କଲୁ
କି ବିଦେଶ ଗଲୁ ॥

ଝଡ଼ କି ଏତିକି ବୋକା
ଉଡ଼ାଇନେବ ତୁମ ବୁନିଆଦି ଘର
ସୋଫା, ଗଡ଼ରେଜ୍ ଆଲମିରା, ଫ୍ରିଜ୍ ବା
ଡାଇନିଂ ଟେବଲ୍ କିମ୍ବା ତୁମ
ଦାମିକା ଶାଢ଼ୀ ବ୍ଲାଉଜ୍‌ର ଅତର ବାସ୍ନା-
ତୁମ ବନ୍ଦ ଝରକା କବାଟକୁ କେତେ ଡର ତାର !

ତୁମେ ଝରକା ଖୋଲିଦିଅ
ଅନ୍ତତଃ ଦେଖିବ ତ
ଆମ ଆଗ ପଡ଼ିଆ ସେକଡ଼ରେ
ମଥା ଟେକୁଥିବା ଝୁମ୍ପୁଡ଼ି ଘର ସବୁ
ମାଟିରେ ମିଶି ଯାଇଚନ୍ତି କେମିତି !
ନା' ବିଦ୍ରୋହ, ନା' ଅଶାନ୍ତି ଝଡ଼ ବିରୁଦ୍ଧରେ ॥

ଅନୁଭୂତି

ମୁଁ ନିଶ୍ଚୟ ଭୟ କରୁଥିଲି ।

ହଠାତ୍ ରାତିରେ ଏକା
ବନ୍ଦ ଏକ କୋଠରୀ ଭିତରେ
ମୋ' ସଙ୍ଗାତ ମୂଷିକ ପ୍ରବର
ମୋ' ସହ କଳି ଲଗାଇଲେ ॥

ମୁଁ କେବଳ ଅନ୍ଧାରରେ
ଚୁପ୍ ଚାପ୍ ଶୁଣୁଥିଲି ଓ ହଠାତ୍
ଆଲୁଅ ଜଳାଇ ଦେଖିଲି
ମୂଷିକ ପ୍ରବର ଏଥର ଭୟରେ
ଲୁଚିଗଲେ ଅନ୍ଧାର ଗହ୍ୱରେ ॥

ଆଲୋକ ତୁ କେତେ ଚମତ୍କାର
ଦେଖାଇଲୁ ତୋ' ମନର କୁସଂସ୍କାର,
ଅନ୍ଧାରର ପ୍ରତିଛବି ମାତ୍ର ॥

■

ରାଜା

ରାଜା ଏକ ପ୍ରଜାପତି
ବଗିଚାର ସମସ୍ତ ଫୁଲରୁ
ମହୁକୁ ଚାଖନ୍ତି ଓ
ନିଜର ରଙ୍ଗ ରଙ୍ଗ ଡେଣାକୁ ଦେଖାଇ
ଜନମନେ ପୁଲକ ଭରନ୍ତି ।
ରଜା ତୁମେ, ପ୍ରେମ ତ ନଥିଲ କେବେ
କେବଳ ହିଁ ଥିଲ କେଉଁ ସାମ୍ରାଜ୍ୟର ନିଷ୍ଠୁର ଛଳନା !

ରାଜା ଏକ ମିଛବାଘ
ହୁଙ୍କାର ଛାଡ଼ନ୍ତି, ଅଥଚ ତ କି ବିକଳ
ଦନ୍ତହୀନ ତାଙ୍କର ମୁହଁରେ
ପଲ ପଲ ମାଛି ଉଡୁଥାନ୍ତି ।

ରଜା ତୁମେ, ବାଘ ତ ନଥିଲ କେବେ
କେବଳ ହିଁ ଥିଲ କେଉଁ ସର୍କସର ଆଦିମ ଖେଳନା ॥

ଚାକର

ଚାକର ରଖିବା ଭଲ।
ଚାକର ରଖିବା ଖରାପ।
ଯେଣୁ ସିଏ ଚାଲିଗଲା ମିଛକହି।
ଭଲ କଲା।
ମଣିଷ ତ ମିଛର ବ୍ରହ୍ମାଣ୍ଡ॥

ଚାକରର ଅର୍ଥ କ'ଣ?
ମଣିଷ ତ!
ଯେମିତି ସେ କ୍ଷୁଧାର ନିକଟ
ଧରା ଦିଏ। ବନ୍ଦୀ ହୁଏ।
ଯେମିତି ସେ ଅର୍ଥଲାଗି ଆଣ୍ଠୁଆଇ
ଧନୀଲୋକ ପେଟକୁ ଆଉଁସେ,
ପୋଷା ମାନେ
ଏଇ ତ ମଣିଷ!

ସ୍ୱଗତ

ମୁଁ ଚାଲି ଯାଇଛି ।
ମୁଁ ସମୟର ଦାସ ।

ମୋର 'ମୁଁ' ଅହଙ୍କାର ନୁହେଁ ।
କେବଳ ଯାହାକୁ ଜୀବନଟା ସାରା
କଲବଲ କରି ମୁଁ ଉଜ୍ଜୀବିତ ହୋଇଛି
ସେ' ତୁମ ଗୁଳିରେ ବିଦ୍ଧ ।

ଇତିହାସ ! ତୁମେ ମନେରଖ
ମୁଁ ଗାନ୍ଧି, ମୁଁ ମଣିଷ ।
ମୋର ଇତିହାସ ମଣିଷର ।
ମୋର ମୃତ୍ୟୁ ମଣିଷର ।

ଫୁଲ

ଫୁଲର ଆବଶ୍ୟକତା ?
ନେତାଙ୍କର ଗଳା ଓ ସମ୍ଭ୍ରାନ୍ତ ଉଦ୍ୟାନ

ଫୁଲର ନୂତନ ଠିକଣା ?
ତୋଷାମଦକାରୀଙ୍କର ନିଭୃତ ଅରଣ୍ୟ ।

ଫୁଲର ସ୍ୱପ୍ନ କିନ୍ତୁ ଚିରଦିନ
ହସିବାକୁ କବି ଭାବୁକ ଓ ଶହୀଦଙ୍କ
ସ୍ମୃତି ସ୍ତମ୍ଭପରେ ॥

ଧର୍ମ

ଧର୍ମ ଏକ ସରଳ ଶିଶୁର ଅଳି।
କୋମଳ। ମଧୁର।
ପଥର ନୁହେଁ ସେ
ମନ୍ଦିରର
ମୃଦଙ୍ଗ ନୁହେଁ ସେ
ସଂକୀର୍ତ୍ତନର
ଭାଷଣ ନୁହେଁ ସେ

ସେ ଏକ ଚିର ଆକାଙ୍‌କ୍ଷିତ
ପ୍ରାନ୍ତରର ଦିଗନ୍ତ। ସ୍ୱାଧୀନ ମଣିଷର
ଶତ ପଦ ଚିହ୍ନ ବଢୁଛି ଆଗକୁ
ତାହାରି ଆଡ଼କୁ।

କିନ୍ତୁ କାହିଁ ସେ ଦିଗନ୍ତ ?
କେବଳ ଦୀର୍ଘାୟିତ ଛାଇ
ଓ ଖରାର ସମବେତ ସ୍ୱର।
ଧର୍ମର ସ୍ୱର।

ମୁକ୍ତି

ଖରା ଠାରୁ ମୁକ୍ତି କାହିଁ ?
ମଣିଷ ତ ଶୁଖିଲା କାଠଗଣ୍ଡି
ଜଳିବାକୁ ଜନ୍ମିଲା ଯେପରି ॥

କଲେଜ ବାରଣ୍ଡାରୁ ବଜାର ଗହଳି
ବଲାଙ୍ଗିର ଠାରୁ ପୁଣି ରାଜଧାନୀ-ସବୁଠାରେ
ମଣିଷ ଜଳିଲା ॥

ଖରାରୁ ତ ଜଳିଲା ପବନ
ଜଳ ଯେ ଶୁଖିଲା
ମାଟି ଫାଟି ଆଁ ହେଲା
ବିଲୁଆ, କୁକୁର ଠାରୁ ମୁକ୍ତି ଖୋଜି
କି ଦୁଃଖ ସେ,
ମଣିଷ ଯେ ଜଳିବାକୁ ଥିଲା ॥

ବିଷୁବ

ବିଷୁବର ଅର୍ଥନୁହେଁ
    ସମ୍ମିଳନୀ
    କବିତା ଓ ଗଳ୍ପର
    ଆବୃତ୍ତି
    ଓ
ଭାଷଣ ଦେଲା ବେଳେ ନିଜକୁ ଖୋଜିବା ॥

ବିଷୁବର ଅର୍ଥ ଆଜି
    ମଣିଷ-ସାରଥିଟିଏ
    ଖୋଜିବାରେ
    ଯେଉଁ ତୃପ୍ତି
ନିଜକୁ ଚିହ୍ନିବାପରେ ଅନ୍ୟଙ୍କୁ ଚିହ୍ନିବାପାଇଁ
    ଅସୀମ ଆସ୍ବସ୍ତି ॥
ପଳାଶର ମୃତ୍ୟୁଠାରୁ ମୁକ୍ତି ପାଉ
ବିଷୁବର ସମସ୍ତ ଅଶାନ୍ତି ॥

■

ମନେରଖ

ମଣିଷକୁ ଦୂରେ ରଖ
ରାଜନୀତି ଠାରୁ
ମଣିଷକୁ ଦୂରେ ରଖ
ଯୁଦ୍ଧଠାରୁ, ହିଂସାଠାରୁ
ପଶୁତ୍ୱର ନରବଳି ଠାରୁ ॥
ବଙ୍ଗଳାର ଦେଶ;
ମନେରଖ ମୁକ୍ତି ଏକ ସଂଗ୍ରାମୀ ପୁରୁଷ ।
ଯୁଦ୍ଧ-ହିଂସା-ପଶୁତ୍ୱ-ଓ-ରାଜନୀତି ଠାରୁ
ମୁକ୍ତି ଲାଗି ଏକମାତ୍ର ପଥ
ଅହର୍ନିଶ ସଂଗ୍ରାମର ନିଶ୍ଚିତ ଶପଥ ॥

■

ଲାଇବ୍ରେରୀ

ଲାଇବ୍ରେରୀକୁ ପଶିଗଲେ ମନେପଡ଼େ
ତୁମଲାଗି
ପ୍ରେମକବିତା କିଛି ଆଣି ଶୁଣାନ୍ତି ।
ଲାଇବ୍ରେରୀରୁ ଫେରିଲେ ମନେପଡ଼େ
କେଉଁପରି
ତୁମ ଭୋକିଲା ମୁହଁକୁ ଦେଖନ୍ତି ।
କାହିଁକି ଯେ ?- ତୁମେ ପଚାରିଲ ।
ମୁଁ କହିଲି- ପ୍ରେମ ଖୋଜୁ ଖୋଜୁ
ପ୍ରତିଟି ବହିରେ
ମୁଁ ଯେଉଁ ଜୀବନକୁ ଚିହ୍ନି ଆସିଅଛି-
ସେଥିରେ ତ ଭୋକ ।
ଖାଲି ଅନ୍ନର ଚିତ୍କାର ।
ପ୍ରେମ ମୋର ପାଣି ଫାଟି ଯାଇଛି ।
ସବୁ ଜ୍ଞାନପାଇ ସାରି
ତୁମଲାଗି ହେଇ ଦେଖ ଭିକାରୀ ସାଜିଚି ॥

ଭିକାରୀ

ସେ ଆଖିରେ ସବୁ ଋତୁ
ସ୍ଥିର ବିନ୍ଦୁ
ସେ ଆଖିରେ ସବୁ ମୁହୂର୍ତ୍ତ
ଅସହାୟ ।
ହାତରେ ବାଡ଼ି ଓ କାନ୍ଧରେ ମୁଣିକୁ
ଜାବୁଡ଼ିଥିବା
ଅଙ୍ଗୁଳି ଗୁଡ଼ିକ ନିକ୍ଷେପିତ ସମୟ ॥

ପଇସାଟିଏ, ଚାଉଳ ମୁଠାଏ
ନଥିଲା, ଥିଲା
ସାହେବି ବାବୁଙ୍କ କୋଳାହଳ ।
ସେ ଆଖିରେ ଜୀବନର ସ୍ଥିର ଚିତ୍ର
ସବୁ ହତାଶା, ସବୁ କ୍ଲାନ୍ତିର ॥

ବର୍ଷା

॥ ୧ ॥
ବର୍ଷା ଆସିଚି।
ବର ଓହଳରେ ଆରମ୍ଭ ହେଇଚି
ଅଣଶ୍ୱାସୀ ଅନ୍ଧାରଙ୍କ ସହ
କବନ୍ଧମାନଙ୍କ କେଳିନୃତ୍ୟ।
ବର୍ଷା ଧୋଇ ଦେଉଚି କ୍ଷତ
ବର୍ଷା ସୁନ୍ଦର, ସଂଯତ ॥

॥ ୨ ॥
ବର୍ଷା ବିରକ୍ତିକର।
ମନେପଡ଼ିଲେ କଲେଜ, କଚେରୀ,
ଡାକ୍ତରଖାନା ଓ ବଜାର-
ଦାୟିତ୍ୱଙ୍କ ବୋଝ ଓଦାହୋଇ
ବେଶୀ ଭାରି ଲାଗେ।

ବର୍ଷା-ମୁଗ୍ଧ ମୁହୂର୍ତ୍ତ
କିନ୍ତୁ
ସ୍ୱପ୍ନର, ସବୁଜର,
ସ୍ମୃତି ପ୍ରଖରା ତଟିନୀର ॥
ଏ ବର୍ଷା ଆତାତୟୀ।
ଭାଙ୍ଗି ଧସାଇ ଭସାଇ ନେଉଛି

ଦରିଦ୍ରର ଜୀର୍ଣ୍ଣ କୁଟୀର
ଅଥଚ
ମହାଜନର କଂକ୍ରିଟ୍ ପ୍ରାସାଦ
ତଥାପି ଅଟଳ
ଖୋସାମଦିଆ ବର୍ଷା
ବୁନିଆଦି କାଚ ଝରକାରୁ ପୋଛି ଦେଉଛି
ଶୋଷିତ ମନର ଅଲନ୍ଧୁ ॥

ଚିରାଚରିତ

ସଂଧ୍ୟା ହେବାରୁ
ପତ୍ର ନଥିବା ବୃକ୍ଷ ମାଗିଲା, ପତ୍ର ।
ଫୁଲ ନଥିବା ବଗିଚା ମାଗିଲା, ଫୁଲ ।
ବନ୍ଧ୍ୟାର ଅନ୍ଧଗଳି ମାଗିଲା, ଆଲୋକର ପୁତ୍ର ।
ଧନ୍ୟ କହିବା ପ୍ରଭୁ, ସନ୍ଧ୍ୟା ନଆସୁଣୁ
କେତେ ସ୍ୱପ୍ନ, କେତେ ଭିକ୍ଷା ॥

ସକାଳ ହେଲା...
ଅଥଚ ବୃକ୍ଷଥିଲା ପତ୍ରହୀନ ।
ବଗିଚାରେ, ନଥିଲା ଫୁଲ ।
ବନ୍ଧ୍ୟାର ଅନ୍ଧଗଳି, ତଥାପି ନିଃସନ୍ତାନ ।
ଧନ୍ୟ କହିବା ପ୍ରଭୁ, ସକାଳ ନହେଉଣୁ
କେତେ ହତାଶା, କେତେ ଅଶାନ୍ତି ॥

■

ଫୁଲତୋଳା

ଛଳଛଳ ନଈଟି ପରି ମାଆ କହେ
ବାୟାରେ, ଫୁଲ ତୋଳିବୁନି। ଫୁଲ ଖେଳିବୁନି ॥

ଅଥଚ କଢ଼ ଗୋଲାପଟି ମୋ ଆଖିରେ।
ସୁସୁପ୍ତିର ନିଦ ପରେ ତାର ବିସ୍ଫୋରଣ।
ସ୍ନାୟୁରୁ ସ୍ନାୟୁକୁ ଡେଇଁ ସେ ପୁରାଇଲା
ମୋ ଶୂନ୍ୟ ପରିସୀମାକୁ ॥

ତାପରେ ମା'ର ବାପା ଗାଁ ନଈର ଜୁଆର
ମୋତେ ଯେମିତି କୋଳ କରିଛି।
ଏବଂ ସେ ଗୋଲାପର ଆଲୋଡ଼ନ ମୋ' ଭିତରେ
ଅଥଚ କି ଆଶ୍ଚର୍ଯ୍ୟ, ତାକୁ ବୃନ୍ତଚ୍ୟୁତ କରିବାର ମୋହକୁ
ଅତି ସହଜରେ ସବୁ କିଛି
ପ୍ରଭୁପାଦେ ଅର୍ପି ପ୍ରଣାମ କରୁଛି ॥

ମୁଁ ସ୍ୱାର୍ଥପର।
ମୁଁ ସେ ବିସ୍ଫୋରଣରେ ନିଆଁ ହେବି ବୋଲି
କାହିଁକି ଯେ ଭୁଲିଲି, ମୋ' ମା' ମନାହିଁ କରିଛି
ବାୟାରେ ଫୁଲ ତୋଳିବୁନି, ଫୁଲ ଖେଳିବୁନି।

■

ମଣିଷ ପଣିଆ

ବାରବୁଲା ଚଢ଼େଇଆର
କେତେ ରଙ୍ଗ କେତେ ବେଶ
କେତେ ରଙ୍ଗମଞ୍ଚ; ବାହାରେ ସାହସ
କେତୋଟି ମୁଦ୍ରାର ଲାଗି
ହୋଇଛୁ ତୁ ବଶ
 ସମୟର ଦାସ ॥

କହରେ ସଙ୍ଗାତ
ମଣିଷପଣିଆ କି ବୁଡ଼ିଗଲା ଘଟ
ନା' ଏପଟ ନା' ସେପଟ
ଚାରିକାତ ଜଳ ମଧ୍ୟେ ଅତଳ ବିଶ୍ୱାସ
ତାକୁ ବା' ଜାଣିବ କିଏ
କାହାର ସେ ଧୈର୍ଯ୍ୟ
ବଞ୍ଚିବାକୁ ଜଳେ ଭାସ
ଜଳ ମଧ୍ୟେ ପ୍ରବେଶିଲେ
ଦଂଶିବ ଯେ ନାଗ,
ବାହାରେ ସଙ୍ଗାତ !
ମଣିଷପଣିଆ କି ଭାସମାନ
ପଦ୍ମଙ୍କର ପ୍ରାର୍ଥନା ସଂଗୀତ
ନା' ଜଳେ ନା' ସ୍ଥଳେ
ପବନେ ଉଡ଼ିବା ସାର, ସୂର୍ଯ୍ୟଙ୍କୁ ପାଇବା

କିଏ ସେ' ହଂସ ଯେ ତା' ଚଞ୍ଚୁରେ
ବନ୍ଧନର ମାଳାକୁ ଜପିବା ॥

କି ସାହସ ତୁ କରିଲୁରେ
ବାରବୁଲା ଚଢ଼େଇଆ
ଠକି ଠକି ମଣିଷର ମନ
ହିନିମାନି କରିଲୁରେ ଜନମକୁ,
କହିଲୁ ସଙ୍ଗାତ ଏତେ
ଛଇକି ଛଳନା ଏ ଛାଇର ନାଚରେ
କି ମଣିଷ ସେ', ତାହାର ବା'
ଏ କି ମଣିଷପଣିଆ ?

ଇତିହାସ

ମୋ' ଗୃହରେ ନିଜେ ମୁହିଁ ବନ୍ଦୀ
        ପାଷାଣ ପ୍ରତିମା
ରାମଚନ୍ଦ୍ର ନାହାନ୍ତି କେହି ଯେ ଫେରାଇ ଦେବାକୁ
ମୋର ଜୀବନ୍ତ ପ୍ରାଣସମ ଶ୍ୟାମସମ
        ଯୌବନ ପିତୁଳା ।
ମୋ' ଗୃହରେ ନିଜେ ମୁଁ ହିଁ ବନ୍ଦୀ ହୋଇ
ଦାସତ୍ୱର ପଞ୍ଜରା ହାଡ଼ରେ ମାଂସ ବୋଲିହୋଇ
ଜଳ ଜଳ କୁନିପିଲା ସତେ,
ଗଛଟିଏ କଅଁଳିଲେ, ଫୁଲଟିଏ
ଫୁଟିଗଲେ, ଫଳଟିଏ ପାଚିଗଲେ ଓ ଘାସପରେ
ଭାରି ଭାରି ପାଦସହ ଚୋର ସବୁ ଆସିଗଲେ
ବଗିଚାକୁ ଦେଖୁଥାଏ ଓ ଟିପିରଖି ସମୟ ଓ ତାରିଖ ସାଦା କାଗଜରେ ॥

ମୁଁ କି ସାହସନେଇ ସମୟର ପ୍ରହରୀ କି !
ମୋ' ଆଖି ବେଲାଳସେନର କରୁଣ
କାତର ଦୃଷ୍ଟି କି ଖାଲି ମନେରଖେ
ଅଣୁ-ପରମାଣୁର, ଦେହ-ଦେହୀର
ଶିଶୁ-ବୃଦ୍ଧର, ଆତ୍ମା-ପରାମାତ୍ମାର
ମିଛ ହରିନାମ, ବିନିଦ୍ର ସଂକୀର୍ତ୍ତନ ।
ପାପପୁଣ୍ୟର ପଶାପାଲିଠାରେ ମୁଁ
ବିଖଣ୍ଡିତ ରାଜ ମସ୍ତକ ଓ ମୋର

ଚାରି କଡ଼ରେ ହୋରି ଖେଳ ରକ୍ତ ମନ୍ଦାରର
ଶତ୍ରୁତ ସାରଥି ଏବେ ସମୟ-ରଥର
ଚିହ୍ନାଇ ଦେଉଛି ନିଜ ଚିହ୍ନିଲା ଆପଣାମାନଙ୍କୁ
ଭେଦୀବାକୁ ଶର ।
ମୋର ଖଣ୍ଡିତ ରାଜମୁକୁଟପରେ
ନିଜର ବୋଲି ଡାଲ ହିଁ କେବଳ ମିତ୍ରପକ୍ଷ ।
ଓ ମୁଁ ନିଜେହିଁ ମୋ ଗୃହରେ ବନ୍ଦୀ, କେତେବେଳେ
ପରାଜିତ ଫୁଲ ପୁଣି ବିଜୟୀ ସମୁଦ୍ର
କି ଦରିଦ୍ର ଆତ୍ମଅଭିମାନ ନେଇ ଏ ରାଜକୁମାର ॥

■

ଗ୍ରୀଷ୍ମ-ରୂପ

ପବନରେ ଝୁଲୁଥିବା ଖରାସବୁ
ବୁଢ଼ିଆଣୀ, ମୋ ଦେହର ଚାରିଆଡ଼େ

ରକ୍ତର ଶୋଷଣ

ଶୁଖିଗଲା ନଈର ଦେହରେ
ଗୋଚରଙ୍କ ଆଗମନ, କି ଆକୁଳ ସେମାନଙ୍କ ମନ
ଫିଟିଯାନ୍ତା ଯଦି ମୋର ପ୍ରାଣ ଉତ୍ସ
ଫେରାଇ ଦେବାର ଲାଗି ସେମାନଙ୍କୁ ସେମାନଙ୍କ ବୃନ୍ଦାବନ

ଅଥଚ ତ ଏଇ ଗ୍ରୀଷ୍ମ
ବିକଳ କ୍ରନ୍ଦନ

ମାଟିପରେ ଫୁଟୁଥିବା ଖଇପରି ଖରାସବୁ
ଶ୍ମଶାନକୁ ବାଟ କଢ଼ାଏ
ଜୀବନର ଶେଷ ଅଭିଯାନ
ତାପରେ ଜଳିବ ନିଆଁ ପାହାଡ଼ରେ
ଆକାଶକୁ ବେଖାତିର, ପୃଥିବୀକୁ ପରିହାସ କରି
ନିଆଁରୁ ପାଉଁଶ ଖାଲି, ସବୁଜରୁ ଅଙ୍ଗାର ବିବର୍ଣ୍ଣ
ପଡ଼ିରହେ ଅର୍ଦ୍ଧଦଗ୍ଧ ବୃକ୍ଷର କୋରଡ଼େ
ବାଲୁତ କୁମର ପରି ଯିଏ ଖାଲି ହାତ ଟେକି

ଆକାଶକୁ ଚାହିଁ ଜଣାଉଛି ପ୍ରଭୁ
ଯଦି ତୁମ ଗ୍ରୀଷ୍ମ-ରୂପ ସଂହାରର ଅବତାର,
ମୋତେ କର ଅହଲ୍ୟା ପଥର
ପୁଣିଥରେ କେବେ ତୁମରି ସଂସ୍ପର୍ଶେ
ଫେରି ପାଇବାକୁ ମୋର ସମସ୍ତ ଜନ୍ମର ଯେତେ
ପ୍ରଥମ ଯୌବନ ଓ ଏକାନ୍ତ ନିଜର
ସବୁଜ ସବୁଜର ଯେତେ ସବୁଦିନ ॥

ବଞ୍ଚିବା

ଏବେ କି ଦରକାର
    କାଗଜରେ
    କଲମରେ
ପକେଟ ଭର୍ତ୍ତି ପଇସା ଥିଲେ
ହାତରେ ଅଧାଜଳା ସିଗାରେଟ୍ ଓ
କଳରେ ପାନଖିଲେ ହେଲେ
ଝଡ଼ ହେଉ, ବର୍ଷା ହେଉ, ଶୀତ ହେଉ
ମାଟି ଫାଟି ଆଁ ହେଉ, କିସ ଯାଏ !

ବାଟରେ ବନ୍ଧୁଙ୍କ ସହ ଅଳ୍ପ ରାଜନୀତି,
ବ୍ୟବସାୟ ଓ କଲେଜ ପ୍ରସଙ୍ଗ
ଘରେ ପତ୍ନୀଙ୍କ ସହ ପଡ଼ୋଶୀଙ୍କ କଟୁମନ୍ତବ୍ୟ
ଓ ଛଆଣ ଦୃଷ୍ଟି ନେଇ ଆଲୋଚନା
ଅଥବା ସମୟ କାଟିବା ପାଇଁ
ସ୍କୁଟର କିଣା, ପୂଜାଖର୍ଚ୍ଚ, କୌଣସି ସିନେମାରେ
ଚରିତ୍ର ଉପରେ ନିଜକୁ ତଉଲେଇ ଦେଖିବା ପ୍ରଭୃତି ହିଁ
ଏବେ ଜୀବନର ବିଭିନ୍ନ ମୁହୂର୍ତ୍ତ ॥

କାଗଜ ଓ କଲମ କଥା
ଚିନ୍ତାକଲେ ଚିଠିକଥା ମନେପଡ଼େ କେବଳ
ଖାଲି ପଇସା ନାହିଁ, ପଇସା ଅଭାବ,

ପଇସା ପଠାଇବେ, ଅଥବା ରୋଗଗ୍ରସ୍ତ
ମନ ଗୁଡ଼ିକର ଫେଣେଇ ହେବା ଶବ୍ଦମାନେ
ମିଶି ଯେମିତି ମୁଥା ମାରୁଚନ୍ତି
ମୁହଁକୁ- ଗୋଟିଏ ବି ଚିଠି ନାହିଁ
ସବୁ ଭଲ ଏଠି, ତୁମେ ଭଲଥିବ
ବଞ୍ଚିରୁହ ଆଗ, ପରେ
ପଇସା, ଘର,
ସମ୍ପର୍କ ବା' ସ୍କୁଟର
କହିବାକୁ ॥

ବସାରେ ଏଣେ ଚଟିଆ ଡିମ୍ବ ଦେଲାଣିତ
ଢେମଣା ମଥା ଗଳାଇ ଲୁଚି ଖାଇ ଗଲାଣି ସେମାନଙ୍କୁ
କି କାତର ଏ ବଞ୍ଚିବା କହିଲ
ଏଠି ନା' ଦରକାର କାଗଜ
ନା' ଦରକାର କଲମ
କେବଳ ଇସ୍ତ୍ରୀ ଟ୍ରାଉଜର ଏବଂ ସାର୍ଟ
ଏବଂ ଫୁର ଫୁର ବାଳକୁ ମୁହଁ ଉପରୁ
ସାଉଁଟି ନେଲେ ହିଁ ଦରକାର ପଇସା, ପାନ,
ସିଗାରେଟ୍, ପ୍ରେମିକା, ସ୍କୁଟର ଓ ଅନ୍ୟାନ୍ୟ ॥

■

ଚରିତାମୃତ

ଜଗଦ୍‌ଗୁରୁ ଠାକୁର
ଶ୍ରୀ ଶ୍ରୀ ଅଭିରାମ ପରମହଂସଙ୍କ ପଦାଶ୍ରିତା
ମା' **ବିଷ୍ଣୁପ୍ରିୟାଙ୍କ**
ପଦକମଳରେ ନିବେଦିତ ॥

ସ୍ମୃତି

ବହୁ କଞ୍ଚା ବୟସର କବି-ବୃକ୍ଷଟି ନହକି ନହକି ଏଡ଼େ ସିଧା ମଣିଷ ପରି ଠିଆ ହୋଇ ନିଜ ଅନୁଭୂତିମାନଙ୍କୁ କାବ୍ୟିକ ଋତୁ-ସମ୍ଭାରର ଶାବ୍ଦିକ ସଂଗୀତରେ ପ୍ରକାଶ କରି ପାରିବ, ତା'ର ପ୍ରମାଣ 'ଚରିତାମୃତ'! ସଫଳତା ଅଥବା ବିଫଳତାର ଦ୍ୱନ୍ଦ୍ୱ ଭିତରେ ପଚିସଢ଼ି ବୃକ୍ଷଟି ଅପେକ୍ଷା ରଖେ ପୁଷ୍ପିତ ହୋଇ ଦିନେ ଫଳବତୀ ହେବାପାଇଁ। ଆଜି ହୁଏତ ସେଇ ମୁହୂର୍ତ୍ତ! ବାରିପଦାର ପ୍ରତି ଧୂଳିକଣା, ପ୍ରାକୃତିକ ସୌନ୍ଦର୍ଯ୍ୟରେ ଭରା ବନଭୂଇଁ ଏବଂ ବଳଙ୍ଗ ନଦୀ ସହ ଅବାରିତ ବାର୍ତ୍ତାଳାପ ପରେ ଉହୁଁକି ଉଠିଥିବା ନାନା ଚିନ୍ତନରୁ ଜନ୍ମ ଏ କବିତା।

ପୁଣି କଟକର ସେଇ ପୁରୁଣା ଧବଳଟଗର, କାଠଯୋଡ଼ି, ମହାନଦୀ, ମହାନଦୀର ଉନ୍ମୁକ୍ତ ନଈ ପଠାରେ, ଜହ୍ନରାତି ହେଉ ବା ଅମାବାସ୍ୟା ହେଉ, ବିତି ଯାଇଥିବା ଯୌବନଦୀପ୍ତ ପ୍ରାଣର ହାହାକାରମୟ ଯନ୍ତ୍ରଣାର ସ୍ୱରରୁ ଜନ୍ମ କବିତା। ତା'ପରେ ତୁମକୁ ତ ଭୁଲିବାର ନୁହଁ; ହେ ବଲାଙ୍ଗିର! ତୁମ ଚତୁର୍ଦ୍ଦିଗରେ ଘେରା ସବୁଜିମାର ଅନନ୍ତ ଶୟନ ଭିତରେ ମୁଁ ଯେମିତି ଏକ ଅସ୍ଥିରତା ଥିଲି ଏବଂ ସେଇ ଅପ୍ରାକୃତ ମଣିଷ-ମନରୁ ଜନ୍ମ ଏ କବିତା। ଆଜି ମନେପଡ଼େ ସେମାନଙ୍କୁ-କ୍ଷେତ୍ରବାସୀ ନାୟକ, ପ୍ରସନ୍ନ ମିଶ୍ର, ରତ୍ନାକର ଚଇନି, ଚୈତନ୍ୟ ପ୍ରସାଦ, ରାମକୁମାର, ଦୟାନିଧି, ସୁଭାଷ ଏବଂ ଏମାନଙ୍କର ସୂତ୍ରଧର ଶ୍ରୀନିବାସ ଉଦ୍‌ଗାତାଙ୍କୁ। ସମସ୍ତେ ଏକ ହୋଇ କବିତାର ପରିସର ଭିତରେ ମଜ୍ଜି ରହିଥିଲୁ। କୁଆଡ଼େ ଯାଏ ସେ' ସବୁ ଦିନ! ଆଜି କ୍ଷେତ୍ରବାସୀ ମୋର 'ଚରିତାମୃତ' ଦର୍ଶନାଭିଳାଶୀ ହୋଇ

ଜଗନ୍ନାଥଙ୍କର ପଦାଶ୍ରିତ ହୋଇ ସ୍ୱର୍ଗର ନନ୍ଦନକାନନରେ। ତଥାପି ଏଇ ପ୍ରକାଶ ମୁହୂର୍ତ୍ତରେ ତାଙ୍କର ଆତ୍ମା ମୋର ପ୍ରତ୍ୟେକ ସ୍ନାୟୁର ସୁପ୍ତ ଦରଜାକୁ ଯେମିତି ଉନ୍ମୋଚିତ କରି ଦେଉଚି। ଆଜି ତୁମେ ପାଖରେ ଥିଲେ କେତେ ଆନନ୍ଦ ଅଧୀର ନ ହୋଇଥାନ୍ତ !

ବଲାଙ୍ଗିର ପରେ ପୁଣି ବାରିପଦା ଏବଂ ରାଉରକେଲା ଏବଂ ପୁଣି କଟକ। କର୍ମମୟ ଜୀବନର ସବୁ କ୍ଷେତ୍ରରେ ଜାଣତରେ ଅବା ଅଜାଣତରେ ଭାବମଗ୍ନ ନାନ୍ଦନିକ ମନର ପ୍ରକାଶିତ ଶବ୍ଦାବଳୀରୁ ସୃଷ୍ଟି 'ଚରିତାମୃତ' ! ଏଥିପାଇଁ ଯାହାଙ୍କର ସହାନୁଭୂତି ଆଜି ସ୍ମୃତି, ସେମାନେ ହେଲେ ବନ୍ଧୁ ଡକ୍ଟର ଗିରିଶଚନ୍ଦ୍ର ମିଶ୍ର ଏବଂ ପ୍ରେରଣାମୟୀ ଶ୍ରୀମତୀ ଆନନ୍ଦଲକ୍ଷ୍ମୀ। ପ୍ରକାଶକ ବନ୍ଧୁଶ୍ରୀ ଗୋବିନ୍ଦ ଚରଣ ପାତ୍ର ଏହାର ଆତ୍ମପ୍ରକାଶ ପାଇଁ ଧନ୍ୟବାଦାର୍ହ।

- ଲେଖକ

ଚରିତାମୃତ

ମୋହର ଚରିତାମୃତ ନୁହେଁ କେବେ
ଚାରିହାତ କଙ୍କାଳର ଦେହ
ଅବା କେବେ ଶ୍ମଶାନରେ
ଚାରୋଟି ମୁହୂର୍ତ୍ତ ପରେ ଜଳିଯିବା
ପାଉଁଶ ଅଙ୍ଗାର ପୂର୍ଣ୍ଣ
ଶିଥିଳ ପ୍ରହରେ ।।

ମୋହର ଆକାଶ-ମାର୍ଗେ
ପ୍ରଜାପତି କେତେ ରଙ୍ଗେ, କେତେ ଯେ ଆକାରେ
ଉଡୁଛନ୍ତି ମୋତେ କରି ଚପଳ ନିଶୀଥ
ଯେପରିକି ସ୍ୱର୍ଗଦୂତ
ପ୍ରଜ୍ୱଳିତ ସେମାନଙ୍କର ଦେହ ଅବା କେଉଁ
ଫେରିବା ପଥରେ ହଠାତ୍ କିପରି ସତେ
ଅପସରୀର ମୁକୁଳା କେଶରୁ
ଝଡୁଥିବା ଲକ୍ଷ ଲକ୍ଷ ଶ୍ୱେତପଦ୍ମ ପାଖୁଡ଼ାର ଝର ?

ଏହା ନୁହେଁ ଭ୍ରମ ମୋର
ମୁଁ ତ ଠିକ୍ ଦେଖିଥିଲି
ସ୍ୱର୍ଗଦୂତ ମୋ' କାନରେ ଗୁଞ୍ଜିଦେଲା
ଗେଣ୍ଡୁଫୁଲ ଓ ମୋ' କପାଳେ ଲଗାଇଲା
ସିନ୍ଦୁର ଓ ଚନ୍ଦନର ଦାଗ ।।

ସେତେବେଳେ ଦେଖିଥିଲି ପଦ୍ମର ଦୋଳନ
ଓ ଶୁଣିଥିଲି ବାରମ୍ବାର ସର୍ପର ଜଣାଣ ।
ମୁଁ କ'ଣ ଜାଣିଥିଲି ହଠାତ୍ ଯେ ଦିନେ ମୁହିଁ
ପଦ୍ମଠାରୁ କେତେଦୂର ଏ ସଂସାର ଜାଣିବାକୁ
ଚାଖଣ୍ଡେ ହାଡ଼ରୁ ହେବି ଚାରିହାତ ହାଡ଼ ॥

ସ୍ୱର୍ଗଦୂତ ଫେରିଗଲେ
ମୋ' ଆଖିରେ ଭରିଦେଇ
ଟୋପା ଟୋପା ଲୋତକର ଧାର
ମୁଁ ଏଠାରେ ହାହାକାର
ମୁଁ ଏଠାରେ ଚିରକାଳ ବେଦନା ବିଧୂର ।

ସଂସାରର ଇନ୍ଦ୍ରଜାଲ ମୋତେ ମୋର
ଯୌବନର ଶେଷେ କିପାଇଁ ସେ ପଠାଇଲା
ପ୍ରଜାପତି ଓ କାମନା-ମଧୁର କେଉଁ
ଲକ୍ଷ ଲକ୍ଷ ଶ୍ୱେତପଦ୍ମ ପାଖୁଡ଼ାର ଝର ?

ପ୍ରଜାପତିମାନେ ତୁମେ ! ଫେରିଆସ
ମୋ' ସହର ବଲାଙ୍ଗିର ଓ ତାହାର
ସହଚର ଆମେ ଯେତେ ବଞ୍ଚିନାହୁଁ, ବଞ୍ଚିପାରୁ ନାହୁଁ
ଡହଳ ବିକଳ ଖାଲି ମଧ୍ୟାହ୍ନର ପ୍ରଥମ ପ୍ରହର
ହୋଟେଲର କୁକୁରଟି ମୁହଁ ତା'ର ରହିଛି ଯେ
ଅଇଁଠା ପତରେ ଥିବା ମାଛକଣ୍ଟା, ମାଉଁସ ହାଡ଼ରେ ।

ଯୌବନ କି ଅଛି ତା'ର ? ତା'ର ପେଟ ପିଞ୍ଜରା ହାଡ଼ରେ
ଲାଗିଥିବା ରୁଗ୍ଣତମ କି କୁତ୍ସିତ, କି ଭୟଙ୍କର ।
ତାହାର ଯୌବନ ପରି କନ୍ଧପାଲି ଦେଖିନାହିଁ
ବସନ୍ତର ସୁନ୍ଦର ନଅର
ଯେଣୁ ହଠାତ୍ ଶୀତ ପରେ

ପାହାଡ଼ରୁ ଖସିଲା ଗ୍ରୀଷମ
ଲାଭା ପରି, ଖେଳିଗଲା ବସନ୍ତକୁ କରି
ପଙ୍ଗୁ, ବିବସ୍ତ୍ର ସୋପାନ ॥

ଏହା ଯଦି ଯୌବନ
କିପାଇଁ ଫୁଟିଲା ଫୁଲ
କିପାଇଁ କଅଁଳିଲା ଗଛ
ଏହାଯଦି ଯୌବନ
କିସ ଲାଭ ମିତଣୀର ପ୍ରେମ
କିସ ଲାଭ ବାପା, ମା' ଭାଇ ଓ ସ୍ୱଜନ ॥

ଭଉଁରୀ ଖେଳୁଛି ଏବେ ଅନ୍ଧକାର,
ଜହ୍ନ ଗଲା ପାହାଡ଼ ଶିଖରୁ କେଉଁ ତା'ର
କନ୍ଧଗ୍ରାମେ ଧାଙ୍ଗ୍‌ଡ଼ାର ଘର।
ମୁଁ ଏଠାରେ ଝରକାର ପରଦାଟି ପରି
ଆହୁଲାଇ ଦେଉଅଛି ଅନ୍ଧାରର ସାତତାଳ ଜଳ।

କିସ ହେଲା ତୁମେ ତ ଫେରିଲନାହିଁ ମିତଣୀ ଗୋ
ତୁମେତ ଲେଖିଲ ନାହିଁ କିପରି ବା' ତୁମର ବସନ୍ତ
ଏବେ କ'ଣ କଦଳୀପତର ପରି
ସକାଳର ଶୀତୁଆ ଖରାକୁ ଖୋଜୁଛି... ଖୋଜୁଛି ?

ତୁମଠାରୁ ମୋହର ଚରିତାମୃତ
ଯଦି ହୁଏ ଶ୍ମଶାନକୁ ଯିବାଲାଗି ପଥ
ତୁମଠାରୁ ମୋହର ବ୍ରହ୍ମାଣ୍ଡ ଯଦି
ସୂର୍ଯ୍ୟ ଚନ୍ଦ୍ର ତାରାର ସବାର
ଘୋଡ଼ାର ଉପରେ ମୁଁ ଧାଉଁଅଛି
ଦୂର କେଉଁ ଝରଣାର କୂଳ, ଯେଉଁଠାରେ
ଦେଖିଥିଲି ତୁମର ଆଖିର ପ୍ରଥମ ସେ

ସ୍ଥଳପଦ୍ମ ପତ୍ର, ସାଉଁଟାଇ ଦେଇଥିଲି
ତୁମର କଟୀରୁ ଖସିପଡୁଥିବା କିଙ୍କିଣୀର ଦେହ।

ଆହା, ସେଇ ସ୍ୱର୍ଣ୍ଣ ସ୍ୱପ୍ନ ହେଉ ପଛେ
ମୁଁ ଆଜି ଖୋଜୁଛି ଏଠି ମଧ୍ୟାହ୍ନର ପ୍ରଥମ ପ୍ରହରେ
ମଧ୍ୟାହ୍ନ ଯେ କ୍ରମଶଃ ବଢ଼ିଲେ
ତୁମ ଲାଗି ଏ ମନ ବି ଅତି ସତି ଆତୁର ହିଁ ହୁଏ,
କି କରିବି ମୋହର ଚରିତାମୃତ
ଚାଖିବାକୁ ଅମୃତ ଓଠର,
କିସ ହେବ ମୃତ୍ୟୁର ସହର
କିସ ହେବ ଭାବି ଭାବି ଅଶାନ୍ତିର ବେଦମ ବତାସ
କିପରି ଧସାଇ ଦେଲା, ମୋ' ନଅର
ମୋ' ଚଉଦପୁରୁଷଙ୍କର, ଏକାନ୍ତ ନିଜର।

ମୃତ୍ୟୁ ଯଦି ଅନ୍ଧକାର
ମୁଁ ଏଠାରେ ଝରକାର ପରଦାଟି ପରି
ଆହ୍ଲାଇ ଦେଉଅଛି ଅନ୍ଧାରର ସାତତାଳ ଜଳ।
ମୋହର ଚରିତାମୃତ
ଅନ୍ଧାରରୁ ଆଲୋକକୁ ଯିବା ଲାଗି କେତେ ଯେ ବ୍ୟାକୁଳ।

■

ବୃତ୍ତ

ନଦୀ / ବଳଙ୍ଗ

ସେ ମୋ' ଜନ୍ମର ପୁନରାବୃତ୍ତି
ଓ
ମୁଁ ଝରୁଛି ତା'ପରି ତଳକୁ ତଳକୁ।

ଏ ଦେହରେ ରକ୍ତର ଝରଣା ମୋତେ ଆଜି
ଉଜ୍ଜୀବିତ କରି ଉତ୍ତାପରେ ଭରିଦିଏ ସମୟର
କୁହୁଡ଼ି ପିଞ୍ଜରା ଓ ଏ ମନରେ ଫେରିଯିବା ଲାଗି
ମନେପଡ଼େ ମା'ର ଗର୍ଭରେ
ମନ୍ତ୍ରମୁଗ୍ଧ ଆତ୍ମାର କୁମର
କେଉଁପରି ହାତଯୋଡ଼ି ଯୁନୀର ଦ୍ୱାରେ
ହାତଠାରି ଡାକୁଥିଲା ମୋତେ ନିଅ
ମୋତେ ଆହା ଦିନର ଆଲୁଅ
କେତେ ଭଲ ଲାଗୁଥିଲା ଓ ସେଦିନଠୁ
ମୁଁ ଯେ ଗଲି ଭାସି, ରକ୍ତର ଝରଣା ପରେ
କିଏ ଜାଣେ ତୁ ବଳଙ୍ଗ ଏତେ ଭୟାନକ,
ଘେନିଗଲୁ ଆକାଶକୁ ଓ
ଏକାକରି ଭସାଇଲୁ ତୋହପରି

ତଳକୁ, ତଳକୁ,

ଓ

ମୁଁ ଭାବିଲି ମୁଁ ମୁକ୍ତ,
ଜଙ୍ଗଲର ମହୁଲି ନିଶାରେ ଭାସିଲି ଭାସିଲି କାହିଁ
ମନେ ଭାବି ପ୍ରଭୁ ତୁମେ ଆଜି ମୋତେ ଉଦ୍ଧରିବ ଆସି

ଓ

ତାପରେ ହଠାତ୍ କିପରି ଛିଡ଼ାହେଲି
ଆଣ୍ଠୁଏ ଜଳରେ। କିଏ ସବୁ ସେମାନେ କେଜାଣି,
ମୋତେ ନେଇ ଚନ୍ଦନର ଟିକା ମୋ' କପାଳେ
ଆଙ୍କିଦେଲେ, ମୋ' ଗଳାରେ ଦେଇ ଜୁଇ ଫୁଲହାର,
ମୁଁ ଯେମିତି ସେମାନଙ୍କ ଆତ୍ମୀୟ ସନ୍ତାନ,

ଓ

ମୁଁ ବାହାରେ ଅନାଇଲେ ସହରକୁ,
ଯେପରିକି ମୋହର ସେ' ସ୍ୱର୍ଗଦ୍ୱାର ॥

ସହର / ବାରିପଦା

ସେ' ମୋର ସ୍ମୃତିର ଉପନ୍ୟାସ। ତେଣୁ ବାରମ୍ବାର
ପଢ଼ିବାକୁ ଭଲ ଲାଗେ।

ଚାଖଣ୍ଡେ ହାଡ଼ରୁ ସେ' ଦେଖିଛି ମୋହର ଏ
ଚାରିହାତ ଦେହ, କିପରି ତା' ଧୂଳି ପରେ
ଅଲକ୍ଷ୍ୟରେ ଚାଲି ଚାଲି କ୍ଲାନ୍ତ ହୋଇ ନାହିଁ।
ଯେଣୁ ତା' ରାଜ୍ୟରେ ଦୂରତା ହିଁ ଆକସ୍ମିକ ସ୍ଥବିର ବିନ୍ଦୁରେ
ମିଳେଇ ମିଳେଇ ପାହାଡ଼ରୁ ଉଠେ।
ପାହାଡ଼ରୁ ଆକାଶକୁ ଯିବାଲାଗି
ମନ ହୁଏ। ଅଥଚ ଭୟାନକ ଯନ୍ତ୍ରଣାରେ
ରକ୍ତଫୁଟେ ଦେହର ଭିତରେ ଯେତେବେଳେ

ବାଘର ଆଖିରେ ଡିଆଁମାରେ
ବସନ୍ତର ପଞ୍ଝାଏ ଚଢ଼େଇ। ସେଥିଲାଗି
ତୋହରି କୋଳକୁ ଫେରନ୍ତି ସକାଳେ ଅତିବ୍ୟସ୍ତ
ଅତୀତକୁ, ଧୂଳିରେ ଧୂଳିହୋଇ ଝୁଲିବାକୁ
ବିଜୁଳୀ ତାରରେ ବିବ୍ରତ ସେମାନଙ୍କ ଡେଣାସବୁ ପିଟି।

ନିଆଁ ଉଠେ। ମୁଁ ଦେଖେ ବଳଙ୍ଗ କୂଳରେ
ମୋ' ଆତ୍ମୀୟମାନେ ସବୁ ଜଳିଗଲେ, ପବନରେ
ଉଡ଼ି ଉଡ଼ି ନିଆଁଲିଭେ ନଈର ଜଳରେ
ଓ
ଭାସିଯାଏ ଭସ୍ମୀଭୂତ ନିଆଁର ବୋଇତ
ତଳକୁ, ତଳକୁ,
ତା'ପରେ, ସମୁଦ୍ରକୁ- ଏ କି କଥା
ମୁଁ କିନ୍ତୁ ସେମାନଙ୍କ ପଛେ ପଛେ ପ୍ରବାଳ ଦ୍ୱୀପରେ
ମୋହାବିଷ୍ଟ ରାଜକନ୍ୟା କାନେ
ଆଶ୍ଚର୍ଯ୍ୟର ପ୍ରତିଶ୍ରୁତି ଦେଇ ଗାଉଅଛି ଲଘୁସ୍ୱରେ
ସର୍ପର ଜଣାଣ ॥

ସମୁଦ୍ର / ଅନାମ, ଅନନ୍ତ

ସେ' ମୋର ପୁନର୍ବାର ଫେରିଯିବା ଠିକଣା ଜାଣିଛି।
କୁହୁଡ଼ି ମେଘପରି ତାର ପ୍ରତିଟି ଢେଉରେ
ଆଲୋଡ଼ିତ କ୍ରମଶଃ ଏ ସୂର୍ଯ୍ୟର ନିଆଁକୁ
ମୁଁ ପଚାରୁଚି, ସୂର୍ଯ୍ୟାସ୍ତ ହୁଏ ଯଦି
କାହିଁକି ଫେରିବା, ନିଜର ଆତ୍ମୀୟ ବୋଲି
ସେମାନଙ୍କ ଭଙ୍ଗା ବୋଇତକୁ ? ସେ' ଯଦି
ଜାଣିଥିଲା ମୁଁ ଏକ ବାଲୁତ ଚଢ଼େଇ,
ମୁଁ ତେବେ ଉଡ଼ନ୍ତି କିପରି ତାଙ୍କ ପ୍ରଥମ ସକାଳେ

ମୁଁ ତେବେ ଫେରନ୍ତି କିପରି
ଫୁଲେଇ ଜହ୍ନପରି ଚଞ୍ଚଳ ରତି ମନଧରି ।

ସେ' ଖାଲି କହିଥିଲା ମୁଁ ମୋର ଡେଣାମେଲି
ଯାଆନ୍ତି, ଅନେକ ଦୂରକୁ, ନୀଳଶୂନ୍ୟ ଆକାଶକୁ
ପବନର ସ୍ଥିର ହ୍ରଦେ ସ୍ନାନସାରି ଉଠନ୍ତି
ଆହୁରି ଉଚ୍ଚକୁ, ଆଲୋକର ଯନ୍ତ୍ରଣାରେ
ଅନ୍ଧ ମୋର ମହାଶୂନ୍ୟ ଆତ୍ମାର ପାଖକୁ ।
ତେଣୁ ମୁଁ ପରାଜିତ ସ୍ୱର । ସେଥିଲାଗି
ଏତେ ଆଉ ହସନାହିଁ ସଖା ମୋର,
ଅସ୍ଥିର ମୋ' ଦୁଇପାଦ ଦେଖି ।

ଅନ୍ଧାରର ଅଚିହ୍ନା ସ୍ୱରରେ ମୋ ସ୍ୱର,
ମୋ' ମନର କାତର ଭୈରବୀ
ତଥାପି ଡାକୁଛି ମୋତେ-ଅଥଚ
ମୋ' କ୍ଳାନ୍ତିର ଆହୁଲା ଅସହାୟ ହାତରୁ ମୋ,
ଭାସିଯାଏ ସକାଳରେ ଖୋଜିବାକୁ ଅନ୍ୟ ଏକଦିନ ।
ମୁଁ ତାର ପ୍ରତିଶୋଧ । ମୁଁ ତା'ର ନିରୀହ ସପନ ।
ସେ' ମୋତେ ଘେନିଯାଏ, ପୁଣି ଥରେ
ମୌସୁମୀର ଅଶାନ୍ତ ପ୍ରାଙ୍ଗଣେ ॥

■

ବିଭକ୍ତ ଚରିତ୍ର

ସର୍ବେନ୍ଦ୍ରିୟ ଗୁଣାଭାସଂ ସେର୍ବନ୍ଦ୍ରିୟ ବିବର୍ଜିତମ୍
ଅସକ୍ତଂ ସର୍ବଭୃଚ୍ଚୈବ ନିର୍ଗୁଣଂ ଗୁଣଭୋକ୍ତୃଚ ॥୧୪ ॥
- ୧୩ଶ ଅଧ୍ୟାୟ। ଶ୍ରୀମଦ୍‌ଭାଗବତ ଗୀତା।

"ସେହି ବ୍ରହ୍ମଚକ୍ଷୁ ପ୍ରଭୃତି ସବୁ ଇନ୍ଦ୍ରିୟ ବୃତ୍ତିରେ ନାନା ଆକୃତି ଧରି ପ୍ରକାଶିତ, ଅଥଚ ସେ ନିଜେ ସମସ୍ତ ଇନ୍ଦ୍ରିୟ ବର୍ଜିତ। ସେ ସଙ୍ଗଶୂନ୍ୟ ଅଥଚ ସବୁ ପଦାର୍ଥର ଆଧାର ସ୍ୱରୂପ; ସେ ସତ୍ୱ, ରଜ, ତମାଦି ଗୁଣଶୂନ୍ୟ କିନ୍ତୁ ସେହି ଗୁଣସବୁର ସେ ପାଳନକାରୀ।"

ସୁଜନ ହେ! ମନାନାହିଁ ଦେଖିବାକୁ ପଦ୍ମବନ
ହଂସ ଯହିଁ ଖେଳୁଥିଲା ନିତିଦିନ
ଅକସ୍ମାତ୍ ପଦ୍ମନାଡ଼ ଚଞ୍ଚୁରେ ଚିବୁକି
ପକ୍ଷଝାଡ଼ି ଉଦାସ ମନରେ ଚହଲିଲା
ପଦ୍ମବନ ଦୋଳି ଦୋଳି ଭାଙ୍ଗିଦେଲା
ସର୍ପର ଶୟନ।

ନାଭିକେନ୍ଦ୍ର ଜର୍ଜରିତ ନୀଳଶୂନ୍ୟ
ନୀଳ ଜ୍ୱାଳା, ନୀଳପଦ୍ମ ଖୋଜିବାକୁ ତୁମପାଇଁ
ନିଶ୍ଚିତ ପୃଥିବୀ ଥିଲା, ସୃଷ୍ଟି ବି ଥିଲା ଯେ!
କେତେ ରାଣ ନ ପକାଇ ନାରୀର ପଣତ
ବାନ୍ଧିଥିଲା ତୁମ ମନ, ଇନ୍ଦ୍ରଜାଲ ବସ୍ତ୍ରର ଭିତରେ
ଦ୍ରୌପଦୀର ନଗ୍ନଦେହ ନ ଦେଖିବି

ମନେ ମନେ ଭାଳି- କେତେ ସତେ ଭଲ ଲାଗୁଥିଲା-
କୁରୁସଭା-ଶତ ଶତ କାମଦଗ୍ଧ ବିକଳ ପୌରୁଷ ।
ବିକଳ ଇନ୍ଦ୍ରିୟମାନେ ପ୍ରେତ ପରି ଅନ୍ଧାର ରାତିରେ
ନାଚୁଥିଲେ । ବିକଳ ଇନ୍ଦ୍ରିୟମାନେ ପଙ୍ଗୁ ଏକ
ଧୀବର ପାଶରେ ଜଣାଇଲେ ପଦ୍ମବନ କଥା ଓ
ଜାଲ ଫିଙ୍ଗି ବାନ୍ଧି ପାରିବାକୁ ମତ୍ସ୍ୟକନ୍ୟା
ନିଭୃତ ପ୍ରକୋଷ୍ଠ ।

ଅଥଚ ଜାଲରେ ସଞ୍ଚରିଲା ସର୍ପର ଦଂଶନ,
ବିଷମୟ ମତ୍ସ୍ୟକନ୍ୟା ଆଲିଙ୍ଗନ ଭରିଦେଲା
ଇନ୍ଦ୍ରିୟର ସମସ୍ତ ଭୁବନ ॥

ଏକି ହେଲା ସ୍ୱଜନ ହୋ ! ବିଷାକ୍ତ ତୁମର ମନ,
ବିଷାକ୍ତ ପଦ୍ମବନୁ ହଂସ କେବେ ଯାଇଛି ସେ ଉଡ଼ି-
ଜାଣିପାରି ନାହିଁ, ପାରିବକି ନାହିଁ କେବେ
ସନ୍ଦେହ ମୋହରି ॥

ମତ୍ସ୍ୟଗନ୍ଧ ଚାରିଆଡ଼େ, ପଦ୍ମବନେ ନଥିଲା ସୁବାସ
ପଦ୍ମବନ ଜଳୁଥିଲା, ଅଙ୍ଗାର ପଦ୍ମ ପାଖୁଡ଼ାର
କେରା କେରା ଦେହସବୁ ଭାସୁଥିଲା ଯେପରିକି
ଜତୁଗୃହ ଜ୍ୱଳନର ପରେ ମରି ପଡ଼ିଥିଲା
ଦୁର୍ଯ୍ୟୋଧନର ମୃତ ମନ, ବିକଳାଙ୍ଗ ପୁରୋଚନ ଦେହେ ॥

ପୁଣି ଏକି ସେମାନଙ୍କ ପ୍ରାର୍ଥନା ସଙ୍ଗୀତ ଓ ତା' ଉତ୍ତରେ
ବହୁ ଉର୍ଦ୍ଧ୍ୱେ ଜାଗ୍ରତ ଆତ୍ମାଟି
ମନାକଲା, ଏ ନୁହେଁ ପୃଥିବୀ
ଏ ନୁହେଁ ସୃଷ୍ଟିର ବିଳାସ,
ଇନ୍ଦ୍ରିୟର ଆକାରରେ ନିବେଶିତ
ସଦୃଶ୍ୟ ପୁରୁଷ । ମୁଁ ବର୍ଜିତ ଇନ୍ଦ୍ରିୟ ପୁରୁଷ ॥

ଏ କି କଥା ମରୁଭୂମି ଡହ ଡହ ଫୁଟେ
ଇନ୍ଦ୍ରିୟର ଅମୃତ ଚଖାଇ
ଟୋପେ ଜଳକଣା ପାଇଁ ଦୂରୁ ଦୂରେ ପ୍ରସାରିତ
ଆତ୍ମାର କଳସ ଆସୁନାହିଁ ପାଶ
କି ଜଟିଳ ଜୀବନ ମୁହୂର୍ତ୍ତ !

ପୁରୁଷର ଆତ୍ମାଥିଲା, ତା'ପାଖରେ ପ୍ରକୃତି ଥିଲା ଯେ !
ଅଥଚ ସେ କେଉଁ ଏକ ମରୁଦ୍ୱୀପଠାରୁ
ପ୍ରେରିଲା ଏ ପତ୍ରଟିକୁ-ଦରକାର
ଓଟଟିଏ ବହୁପଥ, ବିଭ୍ରାନ୍ତ ଦିଗନ୍ତ,
ସଙ୍ଗ-ଶୂନ୍ୟ ଶୂନ୍ୟତାର
ନିଛକ ସାମ୍ରାଜ୍ୟ ।
ମୃତ୍ୟୁ ଭଲ । ଯଦି ଭଲ ଏ ନିଷ୍ପତ୍ତି-
ସବୁଥିରେ ଥିଲେ ମଧ୍ୟ ନ ଥିଲା ଯେ ଆତ୍ମାର ପୁରୁଷ ॥

କି ଆଶ୍ଚର୍ଯ୍ୟ ସ୍ୱଜନ ହୋ ! ଜୀବନର ପ୍ରତିଶ୍ରୁତି ଦେଇ
ଯଦି ଠିକ୍ କରାଗଲା ମୃତ୍ୟୁ ହେବ ଶେଷ ପରିଣତ
ତେବେ ଭଲ ସତ୍ତ୍ୱ-ତମ-ରଜ ବ୍ରହ୍ମାଣ୍ଡ ଆକାର
ହେଉପଛେ ମୁହୂର୍ତ୍ତେ ଭେଳିକି
ପୁରୁଷର ମନଥାଉ, ପୁରୁଷର ସ୍ୱପ୍ନଥାଉ,
ଭକ୍ତି ଥାଉ, ଫୁଲଥାଉ, ମଦ୍ୟ ଥାଉ,
କାମନାର ନୀଳପଦ୍ମ ବନ ଥାଉ
ଆପତ୍ତି କାହିଁକି ! ପ୍ରଭୁ ! ଧନଞ୍ଜୟ ବୁଝିଲେକି ନାହିଁ
ତୁମ ଗୁଣ-ଶୂନ୍ୟ ଅସ୍ତିତ୍ୱର ଚରମ ବିଭ୍ରାନ୍ତି,
ଜାଣି ପାରି ନାହିଁ ।

ମୁଁ ଯେତିକି ବୁଝିପାରେ, ମୁଁ ବୁଝୁଛି
ଲାଜକୁଳୀ ଲତା ପରେ ହାତଦେଇ
ତା' ଦେହକୁ ନିବୁଜ କରିବା ଓ

ତୁମପାଇଁ ଖୋଜିବାକୁ ଯାଇ
କେଉଁ ନିଘଞ୍ଚ ଅରଣ୍ୟେ, ଲକ୍ଷ୍ୟସ୍ଥଳେ
ପହଞ୍ଚି ନ ପାରି, ଆର୍ତ୍ତନାଦ, ବସ୍ତ୍ରତ୍ୟାଗ,
ସନ୍ନ୍ୟାସର ପ୍ରଥମ ପାହାଚେ-
ସଜଳ ଦୃଷ୍ଟିରେ ଖାଲି ବୁଝିବାକୁ ଚେଷ୍ଟା ହିଁ କରିବା ॥
ତୁମେ ପ୍ରଭୁ ! ଉଦାସୀନ ବିଭକ୍ତ ଚରିତ୍ର
ଯାହା କୁହ, କରୁନାହଁ
ଯାହାକର, କହୁ ନାହଁ
ସବୁପାଇ, ନ ପାଇବାର ଅତିଶୟ ଯନ୍ତ୍ରଣା ବିପତ୍ତି ॥

■

ଚେତନା ଲାଗି

ଭ୍ରମ ନୁହେଁ। ସେ' ହଠାତ୍ ଠିଆହେଲା
ଚଗଲା ପିଲାଟି ପରି ହାତଯୋଡ଼ି
ମୋ' ମନରେ ଚପଳତା ଭରି,
ମୋ' ଦେହରେ ଖେଳାଇ ବସନ୍ତ।

ଅଥଚ ତାହାରେ ମୁଁ ଯେତେବେଳେ
ହାତଠାରି ଡାକିଲି ଯେ
ସେ ଖାଲି ଓଲଟି ଓଲଟି
ଧୂଳିପରେ ଲେଉଟିଲା ବାରମ୍ବାର, ଓ
ନ ଦେଲାବି ମୋତେ ସେ' ଧରା ଯେ।

ମୁଁ କିନ୍ତୁ କେଜାଣି କାହିଁକି
ତାହାପରେ ଧାଇଁ ଧାଇଁ
ତା' ଧୂଳି ଦେହକୁ ମୋର ଶୁଦ୍ଧ ଦେହେ
ଆଉଜାଇ ନେଲି। କେତେ ଆହା
ଆହ୍ଲାଦରେ ପୋଛି ଦେଲି, ଝାଡ଼ି ଦେଲି
ତା' ଦେହର ଧୂଳି। ଅଥଚ ତାହାରେ ମୁଁ
ଯେତେବେଳେ ପଚାରିଲି-ଏ ତୋର କିସ ଖେଳ
ଆହେ ବନ୍ଧୁ କୁହ? ସେ କହିଲା- ମୁଁ ଚାହେଁନା
ତୋର ରାଜ୍ୟେ ବନ୍ଦି ହେବାପାଇଁ ଯେ!

ମୁଁ କହିଲି-ତୋତେ ଏତେ ଭଲ ପାଇଲିଣି
କିପରି କିମିଆଁ କହ ଖେଳାଉଛୁ
ବାରମ୍ବାର ମୋତେ । ଏତେଦିନେ ଧରିଛି ମୁଁ
ନ ଛାଡ଼େ ଗୋ ତୋତେ ଆଉ ସତେ ॥

ସେ ହସିଲା ମୁଁ ବୁଝିଲି ସବୁ ଠିକ୍ ହେଲା ।
ଅଥଚ ସେ ଲେଉଟିଲା ବାରମ୍ବାର ପୁଣି ଧୂଳି ପରେ
ଅମାନିଆ ଖରାବେଳ ପାହାଡ଼କୁ ଧାଇଁଗଲା ବେଳେ
ଦିନର ଆଲୁଅ ଛାଏଁ ଲିଭିଯାଏ କେମିତ ଯେ-
ସେମିତିତ ମୋର ମନେ, ମୋହର ଦେହରେ
ଶୁଖିଗଲା ପ୍ରାଣର ଝରଣା ଓ ବ୍ୟତିବ୍ୟସ୍ତ
ବାଲିଚର ଝରଣାର ରୂପନେଇ ଶୋଇ ଯେ ରହିଲା
ନ ଉଠିଲା । ଚେତାଶୂନ୍ୟ ରୋଗୀର ମୁଖରେ
ଚେତନାର ମାଛିଟିଏ ବାରମ୍ବାର ଯୁକ୍ତି ବାଢୁଥାଏ
ଜୀବନର ଅର୍ଥ ଅଛି । ଜୀବନରେ ଅମୃତ ଅଛି ଯେ ।

ମାତ୍ର କି ଚେତାହୀନ ପ୍ରାଣଧରି ଜଡ଼ର ସ୍ୱରୂପ
ବୁଝିବ ସେ
ଜୀବନର ଅର୍ଥ ଅଛି । ଜୀବନରେ ଅମୃତ ଅଛିଯେ ।

ଭ୍ରମ ନୁହେଁ । ସେ' ହଠାତ୍ ଯିବାପରେ
ମୋ' ଠାରୁ ଦୂରେଇ ମୁଁ ଯେମିତି
ଶୁଖିଲା କାଠ ଗଣ୍ଡିଟିଏ ଧୂ ଧୂ ଜଳୁଅଛି
ଅକାତରେ ଶ୍ମଶାନର ବାରୁଣୀ ଘାଟରେ ॥

ଆତ୍ମଲିପି

ଶୀତାର୍ତ୍ତ ମୁଁ । ମଧ୍ୟାହ୍ନର ତେଲ ନଈ ଡେଇଁ
ଆତ୍ମା ମୋର ପ୍ରକୃତିର ପାଶ, ପହଞ୍ଚିଲା
ନୀରବରେ, ଆଶା ନେଇ ବଞ୍ଚିବାର
ନିଦ୍ରିତ ଦ୍ୱୀପରେ ॥

ଆତ୍ମାର କଳିକା ମୋର ମଧ୍ୟାହ୍ନର ଶୀତୁଆ ଖରାରେ
ମୁଦ୍ରିତ ଆଖିର ଡୋରେ ଭଉଁରେଇ ଘୁମେଇ ପଡ଼ିଛି ।
କି ଶାନ୍ତି, କି ଅମୃତ, ତୁମର ଶୟନ
ଜାଣିନାହିଁ ଜୀବନର ବିକଳ ଦୁଃସ୍ୱପ୍ନ
ଦେଇପାରେ ଅଯାଚିତ ଯନ୍ତ୍ରଣାର ଦାହ
ସାଂପ୍ରତିକ ସ୍ୱର- ସନ୍ଦେହର, ଭୀତତ୍ରସ୍ତ
ଆତ୍ମାର ସଙ୍ଗୀତ ।

ଶୁଣଗୋ ସଙ୍ଗାତେ ! ଚାରିଆଡ଼େ ଭୟ ଖାଲି
ଚାରିଆଡ଼େ ସନ୍ଦେହର ନିବିଡ଼ ବନସ୍ତ ।
ଯଦି ବି ଲାଗୁଛି ସବୁ ଠିକ୍ ଅଛି
ଏ ଜୀବନେ-ନାହିଁ କିଛି ବିଫଳତା
ନାହିଁ କିଛି ବ୍ୟର୍ଥତାର ସ୍ୱର,
ଓଡ଼ିଆର ଜୀବନରୁ ଯୁଦ୍ଧଭୟ ଉଭାଇ ଯାଇଛି
ବୁଦ୍ଧ ସତ୍ୟ, ଚୈତନ୍ୟଙ୍କ ଅଖଣ୍ଡ ବିଳାପ
ତଥାପି ତ କୁହୁଡ଼ିର ନିଷ୍ପ୍ରଭ ଆକାଶେ

ଚେତାହୀନ ଅଖଣ୍ଡ ଯୌବନ
ସାଉଁଟାଇ ଫୁଟାଇଛି ବଞ୍ଚିବାର ଅମୃତ ସପନ ॥

କନ୍ୟା ମୋର ରତା ତୁମେ ଭୁଲ ନାହିଁ
ବ୍ୟର୍ଥତା ଯେ ଜୀବନର ସ୍ୱର ।
ଓଡ଼ିଆର ଜୀବନରେ ବ୍ୟର୍ଥତାର ଆରମ୍ଭ ସେଦିନୁ
ଯେଉଁଦିନ ଜଗନ୍ନାଥ ଅଦୃଶ୍ୟ ବେଶରେ
ବିକଳାଙ୍ଗ ରାମଚନ୍ଦ୍ରଦେବ ପାଶେ ଜଣାଇଲେ-
ଶୁଣ ବତ୍ସ ! ଏ ଉତ୍କଳ ସିଂହଦ୍ୱାରୁ
ସ୍ୱର୍ଗଦ୍ୱାର ଏତେ ପାଖ; ଅଥଚ ଦୂରତା ତା'ର
ପ୍ରତିଛବି ସମୁଦ୍ରର ରୂପ । ଓଡ଼ିଆ କି ବୁଝିପାରେ
ସମୁଦ୍ରର ଅର୍ଥ ? ସେ ଖାଲି ତ ଦେଖିବାକୁ ଭିଡ଼ କରେ
ମତ୍ସଗନ୍ଧା ଯୌବନର ଭେଳା ଯେ କିପରି ଆହା ଭାସୁଅଛି
ସୁଲଡ଼ଙ୍ଗା ନିଶ୍ଚଳ ଏକେଲା । ଜଗନ୍ନାଥ ରଥ ପରେ
ଶାଗୁଣାର ଭିଡ଼ ହେଉ କିସ ଯାଏ ଏ ଜାତିର
ବାଟଭୁଲା ଜଡ଼ପିଣ୍ଡ ପ୍ରାଣ ॥

ଏଇ ତ କ୍ଳାନ୍ତିର ଓଡ଼ିଆ । ବାରବାଟୀ,
ଖୋର୍ଦ୍ଧାର ଅରଣ୍ୟେ, ଶୋଇପଡ଼େ ଯାଚି ଯାଚି
ଶୃଗାଳକୁ ନିଜ ଦେହ, ମନ ।
ଆହା କି ସିଂହର ହୃଦୟ ଶୃଗାଳର ମୁଖ କରେ
ରକ୍ତମୟ । ପଚା ମାଂସ, ପାକସ୍ଥଳୀ, ଫୁସ୍ ଫୁସ୍, ହାଡ଼ ଦୁଇଖଣ୍ଡ
ପଡ଼ି ରହେ ଯୌବନରକି ବିକଳ ଜଗନ୍ନାଥ ଦାସ ॥

କଟକର ଗଳିଠାରୁ ବଲାଙ୍ଗୀର,
ଜନତାର ଭିଡ଼ଠାରୁ ରାଜପଦ, ଇନ୍ଦ୍ରିୟ ଆସନ
ବ୍ୟର୍ଥତାର ସ୍ୱର ଖାଲି ଜୀବନର ଆଦିମ ଉଲଗ୍ନ
ନାଚେ ବାରମ୍ବାର କୁହୁଟାଇ ନିସ୍ତବ୍‌ଧ ରାତିର ରୁଗ୍‌ଣ ପାରାବାର ।

ଓଡ଼ିଆର ବ୍ୟର୍ଥତା ନୁହେଁ ଯେ ପଙ୍ଗୁ ଏକ କୈବର୍ତ୍ତର ମନ
ଓଡ଼ିଆର ବ୍ୟର୍ଥତା ଯେ ମସ୍ତିଷ୍କର କର୍କଟ ରୋଗରେ
ଜଡ଼ ଏକ ବିପର୍ଯ୍ୟସ୍ତ ସମୁଦ୍ରର କୂଳେ
ପ୍ରେତାତ୍ମାର ଭିଡ଼ ପରି ଅସହାୟ, ଉହଳ ବିକଳ।

ଓଡ଼ିଆର ମନ ଖାଲି ଶୁଣିବାକୁ କାନ ଡେରେ
ମୃଦଙ୍ଗ ଓ ଖଞ୍ଜଣି ସଙ୍ଗୀତ-
ଖଣ୍ଡିରେ ଖଣ୍ଡି ତୋର ପିଞ୍ଜରା କାଠି,
ଓଡ଼ିଆର ମନ ଖାଲି ଶ୍ମଶାନର ଛଅଟି କାଠର।

ନାହିଁ ତା'ର ସିଂହଦ୍ୱାର। ସିଂହଦ୍ୱାର ଆରବ୍ୟ ସହର
ନାହିଁ ତା'ର ଆତ୍ମାର କୁମର ଯିବାଲାଗି
ଆଣିବାକୁ ଜଗନ୍ନାଥ ଗ୍ରାମ ଗ୍ରାମ, ଅରଣ୍ୟ, ସହର।
ଉଷର ଭୂଇଁରେ ଖାଲି ଯାହା ମନ, ଦେହର କଙ୍କାଳ
ଅଥଚ ଯେ ମହାନଦୀ ଦେଇପାରେ ସୁନାର ଫସଲ ॥

ଏଇକି ଜୀବନ ତୋର ରତା ମୋର!
ସାଂପ୍ରତିକ ସ୍ୱର ମୁହିଁ ଶୁଣେ। ତୁମେ ଶୁଣ।
ତୁମେ କାନ୍ଦ, ତୁମ ଅଜ୍ଞାନ ମନରେ
ମୋତେ ଯଦି କହିପାର ବିକଳାଙ୍ଗ ତୁମର ପିତୃତ୍ୱ
ମୁଁ ବା କିଆଁ ଆପତ୍ତି କରିବି
ଯେହେତୁ ମୁଁ ଜାଣିନାହିଁ
ବ୍ୟର୍ଥତାରୁ ବଳି କେଉଁ ଆତ୍ମାର ସଂସାର
ମୋତେ ସତେ କରିପାରେ ତୁମପରି
ଆହ୍ଲାଦିତ ଚେତନାର ସ୍ୱର ॥

ମୁଁ ଯଦିଓ ଓଡ଼ିଶାର କବି
ବ୍ୟର୍ଥତା ଯେ ଆସିନାହିଁ କହି ମୁଁ ପାରୁନି
କି ରୂପ ସେ ବ୍ୟର୍ଥତାର-ସମ୍ରାଟଙ୍କ ଅହଙ୍କାରୀ ମନ

କି ରସ ସେ ବ୍ୟର୍ଥତାର-କ୍ଷୁଧାତୁର ଜନତାର ଶୋଷ
କି ଛନ୍ଦ ସେ ବ୍ୟର୍ଥତାର- ବଧିରତାର ଜୀବନ ସଙ୍ଗୀତ ।

ଏଇ ଯଦି ମୁକ୍ତିଲାଗି ଓଡ଼ିଶାର କବି
ଜଣାଇଲ ବଞ୍ଚିବାକୁ କଟକ ସହର
ଅବା ବଲାଙ୍ଗୀର-ତେବେ ମୁଁ କହୁଛି ରତା ଗୋ ।
ଶୋଇପଡ଼, ତୁମର ମାତୃତ୍ୱ
ସ୍ତନଭରି ତୁମର ଶୋଷକୁ ଆହ୍ଲାଇ ଭୁଲାଇ ଦେଉଛି
ରଜା ଝିଅ ତୁମକୁ ସଜାଇ ଇନ୍ଦ୍ରଜାଲ କେତେ ଯେ ରଚୁଛି
'ଧୋ-ବାୟା' ଗୀତ ଗାଇ ତୁମକୁ ଯେ ଶୁଆଇ ଦେଉଛି ॥

ଏତିକି ତ ଓଡ଼ିଆ ଜୀବନ ।
ତେଣୁ କାହିଁ ବ୍ୟର୍ଥତାର ସ୍ୱର ?
ସାଂପ୍ରତିକ କବିବନ୍ଧୁ ଶୋଇପଡ଼ ଶୋଇପଡ଼
ନ ଦେଖାଇ ବିକଳାଙ୍ଗ ନିଜର ଶରୀର ॥

■

ପ୍ରତ୍ୟାବର୍ତ୍ତନ

ବଳଙ୍ଗ ଡାକୁଛି ମୋତେ ସ୍ନାନସାରି ସହର ଯିବାକୁ
କେଉଁଘର ଚିହ୍ନଟ ମୋ', ଆଈବୁଢ଼ୀ ପାନ ଭାଙ୍ଗେ ବସି ।
ମୋ' ମୁହଁକୁ ନ ଅନାଇ, ମୋ' ପାଦରୁ ମୋ' ଆସିବା ଜାଣି
ହସି କହେ-ପୁଅ ମୋର, କେଉଁ ଦେଶେ ବେଉସା ସାରିଲୁ
କେତେ ତୋର ପାଠପଢ଼ା, କେତେ ବୋଝ ଟଙ୍କା ମୂଣି ଧରି
ଫେରିଛୁ ମୋ' ଧନ କିବା ମୋତେ କର ରାଜରାଣୀ ଆଜି ।
ଆଈ ତୁ ବୁଝନା ଭୁଲ, ମୁଁ ଆସିଛି ଏ ସବୁକୁ ଭୁଲି ।
ଏ ମୂଣୀରେ ପାପ ଖାଲି, ତୋହପାଇଁ ଏଇ ଶୂନ୍ୟ ଗୋଟାକ ହିଁ ଦେଲି
ତାକୁ ତୁ କେମିତି ଟିକେ ଭରିବୁନି ତୋହରି ମନରେ
ପୁଣ୍ୟବ୍ରତ ବାନ୍ଧି ମୋର ବାହାପରେ ଠାକୁରେ ମନାସି ?
ମୁଁ କହୁଛି, ଆଈ ମୋର ତୁ ତୋର ପାଚିଲା କେଶରେ
କାହାମନ ଗୁନ୍ଥି ଗୁନ୍ଥି ସିନ୍ଦୁରକୁ ଜକ ଜକ କରି
ମନାସୁଛୁ ଶୁଭ ପ୍ରଭୁ, ପ୍ରଭୁ ମୋର ତାଙ୍କୁ ଭଲରଖ ।

ଡାକୁଇତ ଆଣିଛି ଲୋ ସାଙ୍ଗେ ମୋର ବଳଙ୍ଗ ତୁଠରୁ
ଏଇନେ ଓଜାଡ଼ି ଦେଲି, ବାଛିରଖ
ଯେତେ ଯାହା ଇଛା ତୋର କରି ମନ ଭରି ।
ସେ' ଦେଶର ସୁନାନାକୀ ଅସୁରୁଣୀ ଝିଅ
ମୋ' ଭେଳିକି ମାନିଲାନି, ମୋତେ ଦେଖ
ଘୋଡ଼ାକରି ଲଗାମ ଧରିଛି, ତା' ଦେଶର ମଣିମୁକ୍ତା
ମୋ' ଗଳାରେ ସାପପରି, ଫଣା ଟେକିଅଛି ।

ତୁ ଆଉ ଆସନା ମୋ' ପାଖକୁ ବିଷ ପିଇବାକୁ
ଯେ ପିଇଛି ତା'ର ବିଷ, ତାକୁ କିଆଁ ଔଷଧ ଯାଚୁଛୁ।

ଆଈ ମୋର କାନ୍ଦି କାନ୍ଦି ମୋ' ମଥାରେ ଚୁମା ଦେବା ବେଳେ
ଗଡ଼ିଲା ବାରଣ୍ଡା ପରେ- ମୁଁ ମଲିଲୋ ଏ ଅଣ୍ଡିରା ବିଷ ପିଇକରି।
ବଳଙ୍ଗ ଜାଳୁଛି ଚିତା,
ସ୍ନାନସାରି ମୁଁ ଫେରୁଛି ଏବେ।
ମୋ' କୋଳରେ ଶୁଏ କେଉଁ ସହରର ଆଦିମ ଯୁବତୀ।

■

ଶୂନ୍ୟ କୋଠରୀ

ହୁରୁଡ଼ାଇ ଦେଇ ସବୁ ମୋ' ନିଜର ଶୁଆ ସାରୀ
ପୋଷିଛି ଏ ବିକଳାଙ୍ଗ ଅନ୍ଧାରର ଚେମିଣିଆ ପଲ,
ଫିଙ୍ଗିବାକୁ ସେମାନଙ୍କୁ ମୋ' ରକ୍ତର ଭଣ୍ଡାରରୁ
ଚୋରିକରି ମାଂସ ପଳ ପଳ;
ବାନ୍ଧିବାକୁ ସେମାନଙ୍କ ବିଭତ୍ସ ପରରେ ଅନ୍ଧାରର ମନ୍ତ୍ର-ମୁଗ୍ଧ
ମୋ' ଦେହର ଚାରିହାତ ହାଡ଼ ॥

କହିଥିଲା ଶୁଆ ମୋର- ମନୁଆରେ ମୋ' କଥା ଶୁଣ
ପ୍ରଜାପତି ଭଲପାଏ ଉଡ଼ିବାକୁ ଫୁଲ ପରେ,
ସେ କି ତେବେ ଫୁଲ ହୋଇପାରେ ? ସିଏ ସିନା ଏ ମନରୁ
ସେ ମନକୁ ଚିଠି ଦିଏ। ଠିକଣାଟି ପଚାରିଲେ
ସବୁ ଭୁଲ କହିଯାଇପାରେ। ମନୁଆରେ; ଭୁଲ ନାହିଁ
କଦମ୍ବ ଫୁଟିଛି ବୋଲଇ ବଇଁଶୀର କେଳିନୃତ୍ୟ ହେଉଥାଇପାରେ ?

ସାରୀ ମୋର କହିଥିଲା,- ପ୍ରାଣ ମୋର ମିତଣୀତ ତୁହି
ଗୁଛାଏ ରଜନୀଗନ୍ଧା ଦେବି ବାନ୍ଧି ତୋ' ଗଭାରେ
ଧୀରେ ଘେନି କାନନରେ ଛାଡ଼ିଦେବି କଦମ୍ବ ତୋଟାରେ,
ବଇଁଶୀର ତାଳେ ତାଳେ ତୁ ନାଚିବୁ ମୟୁରୀ ଜୋସ୍ନାରେ।
ଇନ୍ଦ୍ରଧନୁ ଚାରିପାଖେ ତୋହଲାଗି ଆକାଶ ମୁଁ ଦେବି,
ତୋହଲାଗି ଶ୍ୟାମଳ ଅଙ୍ଗରେ ଚନ୍ଦନର ଶୃଙ୍ଗାର ରଚିବି ॥

ଶୁଆ ତେଣୁ କହିଥିଲା,- ସାରୀ ସବୁ ମିଛ ତୁ କହନା
ତୋହଲାଗି ମନ ମୋର କରୁଣ କ୍ରନ୍ଦନ କରି
ଛଟପଟ ମାଛ ପରି, ଡେଇଁଥିଲା ନଈକୂଳ ଧାରେ
ଫେରି ପାଇବାକୁ ନୀଳ ଜଳ ଆଞ୍ଜୁଳାଏ, ପୁଣି ଥରେ
ଆନନ୍ଦରେ ପହଁରି ଯିବାକୁ। ଅଥଚ ସେ'
ଚିଲ ଆଖି, ଏ ରକ୍ତାକ୍ତ ଦେହଟିକୁ ମୋର
ଘେନିଗଲା ଆକାଶକୁ। ପବନକୁ
ଦେଇଗଲା ବସନ ମୋହର। ମୋ ଉଲଗ୍ନ କଳେବର
ତୋ' ଭିତରେ ସଞ୍ଚି ପାରିବାକୁ। ଅଥଚ ତୁ
ସଞ୍ଚି ପାରିଲୁନି। କେବଳ ତୋ ଏକାନ୍ତ ପ୍ରଳାପ
ମୋ' ଲାଗି ଫେରିଆସେ ଅଥୟରେ ଶୂନ୍ୟ କୋଠରୀରୁ ॥

ସାରୀ କୁହେ, - ମନୁଆରେ ତୁହି ସିନା ନନ୍ଦପୁର ଛାଡ଼ି ଯାଇଥିଲୁ
ତୁ ବୁଝିବୁ କେଉଁପରି ମୋ' ଉଲଗ୍ନ ଶୂନ୍ୟ ବ୍ରହ୍ମାଣ୍ଡରେ
ତୋହଲାଗି ଫୁଟିପାରେ, ଜହ୍ନରାତି ନଈକୂଳ ଧାରେ
ପିଙ୍ଗଳାର ଚାରିପାଖେ, ନୀଳକଇଁ ଅଲକ୍ଷ୍ୟ ଭାବରେ।
ତୁ କି ଗଲୁ ଭୁଲି, ଯେଉଁ ନାଗ ସଂହାରିଲୁ
ତାର ବିଷ ମୋତେ ହିଁ ଅର୍ପିଲୁ।
ମିତ ମୋର, ମାନ କଥା ଆ ଯିବା ଏ ପୁରରୁ ଚାଲି
ବିକଳାଙ୍ଗ ଏ ଅନ୍ଧାର ଲାଗେ ନା ତ ଭଲ କାହିଁ ଆଉ ॥

ଦୁହେଁ ଗଲେ ଉଡ଼ି। ଏ ଦରିଦ୍ର ବାଲୁତକୁ ହତାଦର କରି
ଶୁଆ ମୋର, ସଙ୍ଗାତ କି ଭୁଲିଗଲ ସତେ !
ସାରୀ ମୋର, ମିତଣୀଲୋ ଅଭିମାନୀ ହେଲୁ କିଆଁ ଏତେ।
ବଇଁଶୀ ନଦେଲେ ନାହିଁ ତୋର ନୀଳ କଇଁରୁ ଗୋଟିଏ
ନିଶୀଥର ଦେଇ ଯା' ମୋ' ଗଡ଼ିଆ ତଳ ପାହାଚରେ,
ସାତ ତାଳ ପଙ୍କ ତଳୁ ଖୋଜିବାକୁ ଆଉ ମନ ନାହିଁ
ସଙ୍ଗାତ ଗୋ ! ମିତଣୀ ଗୋ ! ଫେରିଆସ ଫେରିଆସ ଘରେ ॥

ଦୁହେଁ ଗଲ ଉଡ଼ି । ମୁଁ ଏଠି ଏକା ଆଜି
ବିକଳାଙ୍ଗ, ଅଥର୍ବ, ମୁକ ମୁଁ । ମୋ ଭିତରେ
ଝଡ଼ ଖାଲି । ମୋ' ଭିତରେ ସମୁଦ୍ର ନୀରବ ।
ମୋ' ଭିତର ଅଗଣାରେ ଫେରିବାର ରକ୍ତ ପାଦ ଚିହ୍ନ ।
ସମୁଦ୍ର କି ରକ୍ତର ବନ୍ଦର ? ମୁଁ ତାହେଲେ ବଞ୍ଚିବି କେମିତି ?
ମୋହଲାଗି ଦିଗଶୂନ୍ୟ ଅନ୍ଧାରର ଆଲୋକ କେଉଁଠି ?
ମୋହଲାଗି ପିଞ୍ଜରାରେ କିଏ ଦେବ ନୂଆ ଶୁଆ ସାରୀ ?

ସେଥିଲାଗି ମନ ଡାକେ ଶୂନ୍ୟ କୋଠରୀରୁ
ଶୁଆ ମୋର ! ସାରୀ ମୋର ! ଫେରିଆସ ଫେରିଆସ ଘରେ ।
ନୀରବତା ଅଭିଶାପ । ଏ ଅନ୍ଧାର ମୃତ୍ୟୁର ଯନ୍ତ୍ରଣା ।
କୋଳାହଳ ଭରିଦିଅ ମନେ ମୋର, ଦେହେ ମୋର
ଚୈତନ୍ୟର ସବୁଜ ଅରଣ୍ୟ ॥

■

ସୂର୍ଯ୍ୟାସ୍ତର କବିତା

ହୋଇପାରେ, ମୋ' ସୂର୍ଯ୍ୟାସ୍ତର କବିତା।
ଅମାବାସ୍ୟାର ସନ୍ଧ୍ୟା ଆଗରେ।
ବାହୁଡ଼ା ନୀଡ଼ର ପଥରେ ସ୍ୱପ୍ନର ବୋଝ।
ପକ୍ଷରେ କେବଳ କ୍ଳାନ୍ତିର ଯନ୍ତ୍ରଣା ଏବଂ
ସ୍ପନ୍ଦନହୀନତାର ସ୍ପନ୍ଦନ ଭରି ବିଷର୍ଣ୍ଣ ମନ ମୋର
ଅନ୍ଧକାରକୁ ଖୋଜୁଥିଲା।
ସ୍ପର୍ଶହୀନତାର ସ୍ପର୍ଶ ଦେଇ କାତର ଶୀତଳ ନିଃଶ୍ୱାସ
ଥମି ଯାଉଥିଲା।
ଖେଣ୍ଟା ଗଛଟାର ଡାଳପରେ ବସି ରହି
ଦେଖୁଥିଲି ଉଇଁ ଆସୁଥିବା ତାରକାମାନଙ୍କୁ
ଆଉ ମୋର ଅବଶ ଚଞ୍ଚୁରେ ଅତୀତର ମୁକୁଳା କେଶ
ଭିତରୁ, ସାଉଣ୍ଟୁଥିଲି ସ୍ମୃତିର ସ୍ଫଟିକଗୁଡ଼ିକୁ-।
ମୁଁ ହୁଏତ ଏକ ଅବହେଳିତ ପାଣ୍ଡୁଲିପିର ମୁଖବନ୍ଧ-
ମୃତ୍ୟୁର ନିଶ୍ୱାସ ମୋତେ ଜଳାଇ ମାରୁଛି
ନିଃସ୍ୱତାର ଶତାବ୍ଦୀ ମୋ ଜୀବନରେ।
ଅନେକ ଦିନ, ପୁନେଇଁ ଆସିବ।
ଆରକ୍ତ ଗୋଧୂଳି ନଇଁ ଆସିବ, ଗାଈଆଳ ପିଲାଟିର
ବଇଁଶୀ ସାଥେ।
ଜହ୍ନ ହସିବ। କଅଁଳ ପତ୍ରରେ ରଙ୍ଗ ଲାଗିବ।
ପତଙ୍ଗସବୁ ଉଡ଼ି ଉଡ଼ି ଆଲୋକକୁ ଜାବୁଡ଼ି ଧରିବେ।

କ୍ଳାନ୍ତିର ପକ୍ଷରେ ଉନ୍ମତ୍ତ ଅତୀତ ନାଚିବ। ଜୀବନରେ
ନୂତନତାର ପ୍ରତୀକ। ବିନିଦ୍ର ରାତିରେ କାହାଣୀସବୁ
ଗୋଟି ଗୋଟି ହୋଇ ସେଇ ପାଣ୍ଡୁଲିପିର ଅଙ୍ଗକୁ
ପୂର୍ଣ୍ଣ କରିବେ। ଅଜସ୍ର ଚୁମ୍ବନ। ଶିହରଣ।
ଜୀବନର ପରିତୃପ୍ତି। ଜୀବନର ଆହ୍ୱାନ।

ତେଣୁ ପ୍ରାୟ, ସୂର୍ଯ୍ୟାସ୍ତର ଏ କବିତା
ରେ ଅନିଶ୍ଚିତତାର ସନ୍ଦର୍ଭ,
ମୁଁ ମୋ ନିଜଠି ହଜି ଯିବାର ପ୍ରଗଲ୍‌ଭତା,
ତୁମ ପାଇଁ ଏ ପ୍ରତୀକ୍ଷାର ଜୀବନ୍ତ ଆକୁଳତା।

■

ପୁନରାବୃତ୍ତି: ପୁରୀରୁ ଫେରି

ଏ ତ ନୂଆ ନୁହେଁ, ମୁଁ ଯଦି ମୋର ସମସ୍ତ
ପୋଷାକ ଭିତରୁ ଉଲଗ୍ନ ହୁଅନ୍ତି ଏବଂ
ଏକାନ୍ତରେ ବନ୍ଦ କୋଠରୀର ଝରକା କାଚରେ
ବାରମ୍ବାର ନିଜକୁ ପ୍ରଶ୍ନ କରନ୍ତି, ତୁ ଜଳି ପାଉଁଶ ହେଇଯା
ପ୍ରେତାତ୍ମାର ଅଥୟ କାନ୍ଦରେ ଧୂଆଁଟିଆ ସ୍ୱପ୍ନଟେ ହେଇଯା
ଅସମୟ ଝିଅଟି ମନରେ ଭୀତ ଏକ ସ୍ମୃତିରେ ଭାସିଯା।

ବାହାରେ ମୋ' କାହ୍ନୁ ତୁ ତ ନାଚୁଛୁ ଏମିତି
ଯେପରିକି ବାହାର ଦୁନିଆ ତୋତେ ପୁଣି ସରଳ ଶିଶୁଟି ଭାବି
ଆକସ୍ମିକ ଚୁମ୍ବନରେ ତୋ ଦେହର ସମ୍ପତ୍ତି ଚୋରାଇ
ଶ୍ୟାମଳ ଚଢ଼େଇଟି କରି ତା'ଅଗଣା କାନ୍ଥରେ ରଖିବ।
ନିତିଦିନ ଭାଗବତ ଶୁଣାଇ ଶୁଣାଇ, ତୋ କଣ୍ଠରୁ
ପ୍ରଭୁନାମ ଶୁଣିସାରି ନିଶ୍ଚିନ୍ତରେ ଶେଷ ନିଦ ଯିବ।

ତୁ ଭୁଲିଯା, ତୁ ଉଲଗ୍ନ କଙ୍କାଳର ପ୍ରତାରିତ ମୁହୂର୍ତ୍ତ ଭିତରୁ
ଯେପରିକି କେଉଁ ଏକ ଅବିଚଳ ଧୂଆଁଳିଆ ଖରାର ଛାଇରେ
ମଲା କୁକୁରଟି ହେଇ ସମୁଦ୍ରର ବାଲିରେ ପଡୁଛୁ।
ତୋ' ଆଗରେ ସେମାନଙ୍କ ଓଦା ଦେହ, ଉନ୍ମତ୍ତ ଶାମୁକା ଖୋଜା
ଆଉ ପୁଣି ସ୍ୱର୍ଗଦ୍ୱାର କେତେବେଳେ ପ୍ରଶ୍ନକରେ ନିଆଁରେ ନିଆଁକୁ।

ମନେପକା ଟ୍ରେନ ତୋତେ ଛାଡ଼ିଦେଇ ଯେଉଁଆଡ଼େ ଫେରି ଯାଇଥିଲା
ସେ ପୁଣି ଆସିଛି ଆଜି ଘେନିବାକୁ ତୋର ମୃତ ଦେହ।
ଟି.ଟି.ଆଇ. କାନରେ ଦେଇସାରି ଚୁପ୍ ଚାପ୍ ତୋର ପରିଚିତି,
ସେ ଏବେ ଧାଇଁଛି ସେଇ ଅନ୍ଧାରର ସ୍ଥବିର ଯାତରା
କେଉଁଆଡ଼େ ହଜିଗଲେ ଧର୍ମଯାତ୍ରୀ ତୋର ବାପ ମା'।

ସେ ନୁହେଁ ବତକ କ୍ରୀଡ଼ା ଯେ, ପୋଖରୀ ତୁଠରୁ ତୁ ଆଉ
ଡେଇଁଯାଇ ସେମାନଙ୍କ ତଣ୍ଟି ଚିପି ମାରିବାକୁ ମନସ୍ଥ କରନ୍ତୁ,
କେହି ଆଜି ତୋ' ରକ୍ତାକ୍ତ ମଶାରୀକୁ ଟେକି ଆସୁନାହିଁ
ଫୁଲରୁ କଣ୍ଟାକୁ କାଢ଼ି ତୋ' ବିଛଣା ସଜାଡ଼ି ଦେବାକୁ।
ସ୍ୱପ୍ନରେ ତୋ' ବତକ ଯନ୍ତ୍ରଣା, କେଉଁ ଦେଶ ପୋଖରୀରେ ତାହା ତ ଅଜଣା।
ତୁ ଯେମିତି ମୂର୍ଖ ଏକ ଯାଯାବର, ତୋ ମନର ଖଜୁରୀ ଡାଳରେ,
ମାଷ୍ଟ୍ରେ ତେଣେ ଆସିଲେଣି କହିବାକୁ ପ୍ରଜ୍ଞା ତୋର ଶେଷ ପରିମିତି।

ଟ୍ରେନ ପୁଣି ଧାଇଁଚାଲେ ପହଞ୍ଚିବାକୁ ଅନ୍ୟଏକ ଷ୍ଟେସନ ବାରଣ୍ଡା
ମଣିଷର ଭିଡ଼ ପେଲି ତୋତେ ଏଠି ଛାଡ଼ିଯିବା ପାଇଁ, ଏ କୋଠରୀ
ତୋର ପ୍ରିୟ, ତୁ ଉଲଗ୍ନ, ନାଚୁଛୁ ବେହିଆ, ଏସବୁ ମୁହୂର୍ତ୍ତପରେ
ତୁ କାନ୍ଦନା, ଝରକାର କାଚ ଭାଙ୍ଗି ରକ୍ତାକ୍ତ ତୋ ପାପୁଲିରେ
ଧଳା କାନ୍ଥ ମୁହଁରେ ଅଙ୍ଗୁଳିର ଭରାକ୍ରାନ୍ତ ଚିହ୍ନ ତୁ ଦେଏନା।
ସାମୁଦ୍ରିକ ଉତ୍ତାପରେ ବିଛଣାରେ ଚାଦର ଉପରେ ମଲାକଥା ତୁ ଆଉ ଭାବନା।

ମନ ତୁ ମାନ ମୋ କଥା
ମୋତେ ଆଉ ନେ ନାହିଁ ତୋ ବିରକ୍ତ ବଜାର ଭିତରେ
ଚମ୍ପାହାର ମିଳେ ବୋଲି ଭୁଲିବାକୁ ଚମ୍ପା ଗଛ ସଜଫୁଲ ଦିଏ।
ମୁଁ ଆହତ, ରକ୍ତାକ୍ତ ମୋ' ଅଙ୍ଗୁଳି ଦେହରେ
ଧଳା କାନ୍ଥଯାକ ଛବି ଆଙ୍କି ଚକା-ଡୋଳା କୃତାର୍ଥ ଆଖିରେ
ଚାହିଁରହେ ବ୍ୟସ୍ତ ସେଇ ମାଛର ପହଁରା ସାମୁଦ୍ରିକ କୂଳର ଢେଉରେ।

■

ଶୂନ୍ୟ ପକ୍ଷୀ

ତାଙ୍କୁ ଯେ କରିବା ପ୍ରେମ ସୁଆଙ୍ଗରେ
ଅଭିନୟ ପରି, ନିଜକୁ ତ ହସାଇ କନ୍ଦାଇ
ଆଖିରୁ ଚଷମା ଖୋଲି କେମିତି ତ ମୁହଁ ଦିଶେ-
ଅଲଗା ଅଲଗା ଯେତେ ଅଚିହ୍ନା ଚିହ୍ନିଲା ଆଖି
ଚାରିପଟେ କଳା ଆଖିପତା ଓ ନାକ ଯେ ଚେପ୍‌ଟା ଦିଶେ
ବାହାରକୁ ଉଇଁଉଠେ ଦାନ୍ତସବୁ-ତା'ପରେ
ସ୍ନୋ, ପାଉଡ଼ର, ଗାଲରେ ସିନ୍ଦୂର ଦେଇ ସୁଆଙ୍ଗରେ
ଅଭିନୟ ବେଳେ- ଆହା କିସ ବାହୁନିବା ବନ୍ଧୁ
ତାଙ୍କର ବୟସ ଖସେ ଚାଳିଶରୁ ସତରକୁ
ମାଇଚିଆ ମୁହଁପରି ତାଙ୍କ ମୁହଁଟି ଦୋହଲେ
ସ୍ପ୍ରିଙ୍ଗ୍ କଣ୍ଢେଇଟି ପରି ମୁହୂର୍ତ୍ତରୁ ମୁହୂର୍ତ୍ତକୁ
ଏ ଯାତ୍ରାରୁ ସେ ଯାତ୍ରାକୁ ଯାଉଥିବା ବେଳେ।

ଅସରାଏ ବର୍ଷା ପରେ ହଠାତ୍ ସେ ଜହ୍ନରାତି
ଆସିଥିଲା ବୋଲି ସିନା- ତାଙ୍କୁ ମୁହିଁ ଭଲ ପାଇଥିଲି।

ଥଣ୍ଡା ଥଣ୍ଡା ଲାଗୁଥିଲା ଦେହର ବସନ
ଥରି ଥରି ଯାଉଥିଲା ଆଖିର କୁହୁଡ଼ି
ଜହ୍ନରେ ଦିଶିଲା ଯେଉଁ ଗାଁ, ସେଠାରେ ନଈଟି ଥିଲା
ତା' କୂଳରେ ଗଛଟିଏ ଥିଲା, ତା' ଡାଳରେ ବାନ୍ଧିଥିଲା ବସା
ପକ୍ଷୀ ଏକ ବର୍ଷାପରି ଉଦାସ, କରୁଣ

ଗ୍ରୀଷ୍ମପରି ପ୍ରଚଣ୍ଡ, ଦାରୁଣ
ଶୀତ ପରି କାକୁସ୍ଥ, ଶରଣ
ବସନ୍ତର ସବୁଜ ଯୌବନ।

ନିଶୂନ୍ ଜହ୍ନର ରାତି- ଏକା ଏକା ମହୁଲ ବାସ୍ନାରେ
ବେପରୁଆ ସୁଆଙ୍ଗରୁ ଫେରୁଥିବା ବେଳେ, ସେ ଦିନତ-
ମନେପଡ଼େ ତାଙ୍କୁ ମୁହିଁ ଭଲ ପାଇଥିଲି ଯେହେତୁ ସେ
ସବୁ ଋତୁ ନେଇ ମୋ' ଲାଗି ହୋଇଥିଲେ
ଆଶ୍ଚର୍ଯ୍ୟର ପ୍ରତିଶ୍ରୁତିଟିଏ- ସେ' ହଠାତ୍ ଗଛର ଡାଳରୁ
ମୋ ଉପରକୁ ଉଡ଼ିଆସି, ଫେରିଗଲେ ନିଜର ଛାଇରେ
ଖେଳି ଖେଳି କ୍ଷେତ ପରେ, ଗୋହିରିରେ,
ନଈର ଛଳ ଛଳ ସ୍ରୋତର ମଝିରେ
ଛାଇ ତାଙ୍କ ଲମ୍ବିଥିଲା ମୋ' ଆଖିର ନିଝୁମ ରାତିରେ।

ପଛକୁ ଅନାଇଲେ-ଶୂନ୍ୟ ମଞ୍ଚ, ଅର୍ଦ୍ଧରାତି
ଜନଶୂନ୍ୟ ଟାଙ୍ଗର ଭୂଇଁରେ-ଛାଇଙ୍କର ଭିଡ଼ ଖାଲି,
ଖାଲି ଛାଇ ଲମ୍ବି ଯାଉଥିଲେ ଡେଣା ମେଲି
ଆକାଶରେ ଜହ୍ନର ରୂପା ସମୁଦ୍ର ଭିତରେ।

ପେଟ୍ରୋମାକ୍ସ ଲିଭିଥିଲା! ଚାରିଆଡ଼େ ପରିସ୍ରାର,
ବାନ୍ତିର, ପଚା ବରା-ପିଆଜିର ଅସହ୍ୟ ଦୁର୍ଗନ୍ଧ
ଉଠୁଥିଲା ଓ ଫୁରୁଫୁରୁ ଉଡୁଥିଲା ଚେନାଚୁର ପୁଡ଼ିଆର
ଠୁଙ୍ଗାସବୁ ଏଣେତେଣେ- ପାନପିକ, ବିଡ଼ିଖଣ୍ଡ
ଓ ମହୁଲିର ଦାଗ- ଛିଣ୍ଡା ମଲ୍ଲୀହାର
ବେହୋସ ମାତାଲ ହାତୁ ଖସିପଡ଼ି ମଲା ସାପ ପରି
କି ବିକଳେ ପଡ଼ିଥିଲେ ଚାରିଆଡ଼େ। - ଏମାନଙ୍କର
ଛାଇସବୁ ଡେଉଁଥିଲେ- ଶୂନ୍ୟର ଖେଳ ଯେ ଏଠି
ଶୂନ୍ୟର ବାଚାଳ ଶିଶୁ ମଞ୍ଚପରେ ବାରମ୍ବାର
ଆସୁ ଯାଉଁ ନାଚି ଦେଉଥିଲା। ଯଦିଓ ନ ଥିଲା ସଙ୍ଗୀତ

ତା' ହାତରେ ଖଞ୍ଜଣିଟି ଥିଲା ଓ ସେ ଖାଲି ଗାଉଥିଲା-
ଓଲଟ ବୃକ୍ଷେ ଖେଲୁଛି ଲୋଟଣି ପାରା- !
ତୁମେ କି ସେ ପାରା ?
ତୁମେ କି ସେ ଶୂନ୍ୟର ପସରା ?
ଆଗକୁ ଅନାଇଲେ - ଶୂନ୍ୟ ହୁଲିଡଙ୍ଗା ଶୂନ୍ୟ ନଈ
ଶୂନ୍ୟ ରାତି- ଚାରିଆଡ଼େ ହାହାକାର, ନିସ୍ତବ୍ଧ ମୁହୂର୍ତ୍ତଙ୍କ
ପ୍ରତିଧ୍ୱନି, ଘାଟ ବରଗଛର ପ୍ରତିଟି ପତ୍ରରେ
ଚରି ଯାଉଥିଲେ- ସେତେବେଳେ
ତୁମେ ମୋର ମନଧରି ପହଁରିଲ ପହଁରିଲ
ବେଦମ ନଈରେ- ଛାଇ ତ ନ ଥିଲା ଆଉ-
ମାଛ ପରି, ତୁମେ ଖାଲି ରୂପାମାଛ, - ମୋ ଆଖିରେ।

ଡାକୁଥିଲ, ହଁ ହଁ ଡାକିଲ ବୋଲି ତ
ମୁଁ ଖୋଲିଲି ହୁଲି ଡଙ୍ଗା- ଶୂନ୍ୟ ହୁଲି ଡଙ୍ଗା
ଛାଇସବୁ ଥିଲେ ଭର୍ତ୍ତି ଏପର୍ଯ୍ୟନ୍ତ ଯାହାର ଭିତରେ-
ସେ ଛାଇଙ୍କୁ ଫିଙ୍ଗି ଦେଲି ଅତଳ ନଈର ଜଳେ
ତୁହା ତୁହା, ଟିଣ ବାଲଟିରେ-ଏଥର
ଯାତ୍ରାରମ୍ଭ- ଆଗରେ ରୂପାମାଛ ପକାଜାଲ
ମନ ଯେ କହିଲା- ପକାଇଲି- ରୂପାମାଛ
ତଥାପି ଆଗରେ- ହୁଲିଡଙ୍ଗା ଟଳମଳ ହେଲା।

ପୁଣି ଥରେ ଚକ୍ର ପରି ଜାଲ ସେ ଘୂରିଲା ଓ
ଧମ୍ କରି ପଡ଼ିଲା ଏଥର ରୂପାମାଛର ଦେହରେ,
ବନ୍ଦିନୀ ସେ, ମୋହର ବାହାରେ-ବୀର ମୁଁ,
ଢାଲବର୍ଚ୍ଛା ଧରି ଜଗି ଯେ ରହିଲି-
ରୂପାମାଛ ନ ହେଉ ମୋ ଶୂନ୍ୟ ପକ୍ଷୀ ପୁଣି
କେହି ବି ନ ଆସୁ କେବେ ଘେନିବାକୁ ତା'ର ସ୍ୱର୍ଣ୍ଣମଣି।

ଏବେ ଆଉ ନୁହେଁ ଶୂନ୍ୟ ହୁଲି ଡଙ୍ଗା ଏକତାରାର
ଟୁଂ ଟାଂ ଧୀରେ ଧୀରେ ଚାରିଆଡ଼େ ଖେଳି ଯାଉଥିଲା
ତା'ପରେ କ୍ରମାଗତ ତାନପୁରା ଓ ବେହେଲାର ସମବେତ ସ୍ୱର
ପଖୋଜର ତ୍ରିତାଳରୁ ନୂପୁରର ରୁଣୁଝୁଣୁ
ସୁଆଙ୍ଗର ଅବିସ୍ମୃତ ନର୍ତ୍ତକୀ କଟିରେ
ବିସ୍ମୟର ଛାଇପରି ଲମ୍ବି ଯାଉଥିଲା- ହୁଲି ଡଙ୍ଗା ଦୋହଲିଲା
ରୂପାମାଛ, ଏ ଉର୍ବଶୀ ରାତିର, ଶେଷ ଚୁମ୍ବନ ଦେବାରେ
କୈବର୍ତ୍ତର ମନ ମୋର ଚହଲିଲା-ଶୁଷ୍କ ବାଲୁଚର
କଳ କଳ ବନ୍ୟା ସ୍ରୋତ ପରି ମାଡ଼ି ଯେ ଆସିଲା
ଟଳମଳ ଡଙ୍ଗା କେଣେ ଭାସି ଯାଉଥିଲା-ଗଛ ଛାଇସବୁ
ଭାସି ଯାଉଥିଲେ- ଅନେକ ପକ୍ଷୀଙ୍କ କୋଳାହଳ
ଶୁଭୁଥିଲା, ରୂପାମାଛେ ପୂର୍ଣ୍ଣ ଡଙ୍ଗା ମୋର
ଭରିଗଲା କାଦୁଅ ପାଣିରେ-ସାପ ସବୁ ପହଁରିଲେ
ଗୋଟାକେତେ କିଲିବିଲି ପୋକପରି କଦାକାର।

ଆଉ ନ ସମ୍ଭାଳେ କାତ-ପୂର୍ଣ୍ଣକୁମ୍ଭ ପରି ପୂର୍ଣ୍ଣ
ହୁଲି ଡଙ୍ଗା ବୁଡୁଛି ଏଥର- ଭୀତତ୍ରସ୍ତା
ଆଲିଙ୍ଗନେ ବିଭୋର କରାଇ କହୁଥିଲେ ତଥାପି ସେ-
ମୋତେ ତୁମେ ଏ ନଈରେ ଏକା କେବେ ଛାଡ଼ି ଯିବନି ତ ?
ମୁଁ ଯେବେ, ନା ନା କହି ଆନନ୍ଦରେ ହସି ଉଠୁଥିଲି
ହଠାତ୍ ବୁଡ଼ିଲା ଡଙ୍ଗା।
ହାତରୁ ଛିଟିକିଗଲା ରୂପାମାଛ- ମୁଁ କ୍ରମଶଃ
ଅସହାୟ ବୁଡ଼ି ଯାଉଥିଲି- ମାତ୍ର ସେ' କି ବୁଢ଼ୀ ଅସୁରୁଣୀ
ପକ୍ଷୀଟିଏ ହୋଇ, ଉଡ଼ିଯାଇ ମିଶିଗଲେ
ସମବେତ ପକ୍ଷୀଙ୍କ ମେଳରେ, ଅଚିହ୍ନା ଗଛରେ
ପୁଣି ଥରେ ବସା ବାନ୍ଧିବାକୁ ॥

ଏଇ ତ ରହିଛି ଘାଟ ବରଗଛ। ଆଗରେ ତ ହୁଲି ଡଙ୍ଗା
ତଥାପି ଶୋଇଛି। ମଧ୍ୟ ରାତିର

ଶୂନ୍ୟ ପକ୍ଷୀଟିଏ ଛାଇ ତା'ର ଲମ୍ବାଇ ଲମ୍ବାଇ
ଏଣେ ତେଣେ ଉଡୁଅଛି ଅକାତରେ
ମଥାର ଉପରେ। ଖାଲି ତା'ର ଛାଇ
ମୋର ଛାଇ, ମିଶି ଯାଇ
ସୁଆଙ୍ଗରେ ଅଭିନୟ ପରି ଏ ରାତିରେ
ଘୂରି ବୁଲେ ଏକା ଏକା ଖାଲି ବିସ୍ମିତ କରାଇ।

କଳ୍ପନାର ରୂପାମାଛ ଛପିଯାଏ ଏ ଆଖିର
ଶତସହସ୍ର ନୀଳହ୍ରଦର ଭିତରେ। ଚାରିଆଡ଼େ
ଶୂନ୍ୟ ଶୂନ୍ୟ ଗଛମାନଙ୍କର ଛାଇସବୁ,
ସୁଆଙ୍ଗର ଶେଷ ପରେ ମୋର ନିଦୁଆ ଆଖିରେ
କ୍ଳାନ୍ତ ହୋଇ ନାଚୁଥିଲେ-
ତୋହଲାଗି ଗୋପଦାଣ୍ଡ ମନାରେ, କାଳିଆ ସୁନା-"

■

କପୋତ ଶିକାର

ଶତ କହ ମିତଣୀ ଲୋ ଗୋପପୁରେ ଏତେ ଦିନେ
ବାଇଲା କେ କଦମ୍ବ-ବଇଁଶୀ ?
ନୀଳଜହ୍ନ ଆକାଶରେ, ନୀଳ କଇଁ ଯମୁନାର ଜଳେ,
ବ୍ରଜଶଶୀ ଫେରିଲେ କି ଏ ମଧୁରାତିରେ।
ଆହା, କାଳର ଅପେକ୍ଷା ପରେ ପାଇବାକୁ ତାହାର ପରଶ,
ମୁହିଁ ଯିବି ଉଡ଼ି ଆଜି ଗୋପଦାଣ୍ଡେ ଧୂଳିକୁ ଉଡ଼ାଇ।

କି ଫଲ୍‌ଗୁ ଝରାଉଛି ରାତି,
ବିମୋହିତ ଶ୍ୟାମଳ ତନୁରେ ଚନ୍ଦନର ଆହ୍ଲାଦ କାମନା।
ପ୍ରୀତି ତୁ ଜଳାନା ଆଉ,
ଅଙ୍ଗରେ ଅଙ୍ଗରେ ଏ ଗ୍ରୀଷ୍ମର ବିଷାକ୍ତ ଯନ୍ତ୍ରଣା।
କାହ୍ନୁ ତୋର ବିରହରେ ମୁଁ ଉଡ଼ିଲି ଏଣେ ତେଣେ
କାହିଁ ତୋତେ ଖୋଜି ପାଇଲି ନି।
କାହିଁ ତୋତେ ଦେଖି ପାରିଲି ନି
ଭ୍ରମରେ ପଡ଼ିଲି ମୁହିଁ।
ତୋର ପ୍ରୀତି ସତରେ ସପନ।

ତଥାପି ତ ଏକାନ୍ତ ବେଳାରେ
କେ ପୁଣି ଡାକିଲା ଆଜି
ନିତିଦିନ ବଇଁଶୀର ସୁରେ
କେ ପୁଣି ଓଟାରି ନେଲା ପଣତକୁ ପତ୍ରରୁ ପତ୍ରକୁ

ଓ ତା' ପରେ ପ୍ରାନ୍ତରର ସବୁଜ ସୀମାକୁ।
ଭ୍ରମ ନୁହେଁ। ମୁଁ କି ମୂର୍ଖ ଦେଖ !
ମିତଣୀ ଲୋ, ଯାଉଅଛି ତୋତେ ଛାଡ଼ି
କାହ୍ନୁର ନିକଟ। ଦରଦିଆ ଏତେଦିନେ
ନିଭୃତ କୁଞ୍ଜରେ ମୋ' ପ୍ରାଣ ଦୋଳିରେ
ହେଇ ଦେଖ ଝୁଲୁଅଛି ଏକା ଏକା
ଏ ଯେ ମୋହରି ଅପେକ୍ଷା।

ନୀଳ କଇଁ ଆକାଶରେ, ନୀଳକଇଁ ଯମୁନାର ଜଳେ
ଆମେ ଦୁହେଁ ନୀଳ ନୀଳ ପୀରତି ମେଘରେ
ସାରା ରାତି ଉଡ଼ି ଉଡ଼ି କ୍ଳାନ୍ତ ହେବା ପରେ
କାହ୍ନୁ ମୋତେ ମଧୁରେ କହିଲା-
ଚାଲ ସଖି, କୁଞ୍ଜବନ ଦ୍ୱାରେ
ଶୁଣାଇବି ମୁଁ କେମିତି ଝୁରୁଥିଲି
ତୁମଲାଗି ବିନିଦ୍ର ରାତିରେ।

ସତର୍କରେ ବନ୍ଦ ହେଲା ଚତୁର୍ଥୀର ଜତୁଗୃହ ତା'ର
ଜଳିବାକୁ ସାରାରାତି, କାଳ କାଳାନ୍ତର।
ହେ, ମୋ ନିରୀହ ଉଲଗ୍ନ ଆତ୍ମାର ଦୋସର !
ମୋତେ କର ଭସ୍ମୀଭୂତ। ମୃତ୍ୟୁର ଶିବିରଠାରୁ ଭଲ ଲାଗେ
ତୁମରି ଏ ଲେଲିହାନ ବ୍ରହ୍ମାଣ୍ଡ ଆକାର।

ପୀରତି ରାତିଟି ପରେ ଜାଣେ କିଏ ଅସ୍ଥିର ସକାଳ
ଦେଖାଇଲା କୁଞ୍ଜବନ ନୁହେଁ, ସେ ଯେ ଇସ୍ପାତ ପିଞ୍ଜରା।
କାହ୍ନୁ ମୋର, ବାଟହୁଡ଼ା ପଥିକପ୍ରବର
ଶିକାରୀର ବୋଲ ମାନି ତା'ର ଅରଣ୍ୟ-ମନରେ
ସହସ୍ର ଗୋପୀଙ୍କୁ ସେ ଖାଲି ଡାକି ଆଣି
ବନ୍ଦୀ କରିବାକୁ।
ସହସ୍ର ଗୋପୀଙ୍କ ଜର ଅବା ତୋର ଜର କାହ୍ନୁ ?

ପରକୀୟା ଏତେ ହୀନିମାନି। ବିବସ୍ତ୍ର ଅଙ୍ଗରେ ତୋର ସ୍ପର୍ଶଲାଗି
କଳଙ୍କର ନିଆଁରେ ଜଳିବା।
ତଥାପି ତ କି ଜନମ ତୋହରି ସକାଶେ,
ତୁ ଡାକି ଯେତେବେଳେ ପିଞ୍ଜରାରେ
ତୋହ ସାଥେ ଘେନି ଯାଉଅଛୁ, ମୁଁ କେମିତି
ଜାଣିଥାନ୍ତି ମୋର ପରି ଅନେକ ଅଛନ୍ତି।

ପୁଣି ମୋତେ ଏକା କରି କାହ୍ନୁ ମୋର ଯାଉଅଛୁ ଚାଲି
ପିଞ୍ଜରାରେ କାଟିବାକୁ ବାକିତକ ଦିନ ଆଉ ରାତି,
ରହ ରହ ତୋ ପାଦ ଧୂଳିରେ ବୋଳିନିଏ ମୋ' ଶୂନ୍ୟ ସୀମନ୍ତ,
ଜୀବ ଥିଲାଯାକେ ଗାଇବାକୁ ତୋର ବାହୁଡ଼ା ସଙ୍ଗୀତ,
କାଳ କାଳ ଝୁରିବାକୁ କେଉଁ ଶୂନ୍ୟ ପିଞ୍ଜରା ଭିତରେ
ଯେପରି କି ତୋ' ଅଙ୍ଗର ମଉଳା ସେ ତୁଳସୀର ହାର।

■

ଫେରିବା ପରେ

ଫେରିବାର ଅର୍ଥ ଯଦି ତୁମଠାରୁ
ମୋ' ଘର ଦ୍ୱାରବନ୍ଧ କିଛିବାଟ ବୋଲି
ରିକ୍‌ସାକୁ ପଇସା ଦେଇ ଭୁଲିଯିବା
ତୁମେ କେଉଁ ରାତିର ବସ୍‌ରେ ଯାଉଥିଲ
ଅବା ମୁଁ କେମିତି ହାତଟେକି ତୁମ ଆଖି ପଲକରେ
ଚହଲି ଚହଲି ଅନ୍ଧାରରେ ହଜି ଯାଉଥିଲି
ହଜି ଯାଉଥିଲି। ବଳଙ୍ଗକୂଳରେ ଯେଉଁମାନେ
ଶିକାରୀ ବେଶରେ ସ୍ୱପ୍ନବତ୍ ବାଘଛାଇ
ଅରଣ୍ୟରେ ହଜି ଯାଉଥିଲେ ॥

ଫେରିବାର ଅର୍ଥ ଯଦି ଅରଣ୍ୟରୁ
ମୋ' ଘର ଦ୍ୱାରବନ୍ଧ କିଛିବାଟ ବୋଲି
ବନ୍ଧୁକରେ ଗୁଳି ଭରି ଚୁପ୍ ହୋଇ
ବାଘ ପାଇଁ ସାରାରାତି ପ୍ରତୀକ୍ଷା କରିବା
ଓ ବ୍ୟତିବ୍ୟସ୍ତ ହୋଇ ଟିକି ଚଢ଼େଇଟିକୁ
ସକାଳରେ ଅଚାନକ ଗୁଳି କରି, ଜୋରରେ ହସିବା।
ଜୋରରେ ହସିବା। ସେ' ହସରେ ପତ୍ର ଝରେ
ନିଆଁଲାଗି ମନ ବୁଝିବାକୁ, ସେ ନିଆଁ ଚରିଯାଏ
ଅରଣ୍ୟକୁ, ଆକାଶକୁ, ଅତଳ ଶୂନ୍ୟକୁ ॥

ଫେରିବାର ଅର୍ଥ ଯଦି, ଶୂନ୍ୟରୁ
ମୋ'ଘର ଦ୍ୱାରବନ୍ଧ ଏତେ ପାଖ ବୋଲି
ଆଜିଯାଏ ବଗିଚାରେ ଫୁଲ ଫୁଟିନାହିଁ
ଅପୂଜା ଠାକୁର ବୋଲି କପାଳରେ ଚନ୍ଦନର ଠୋପାଟିଏ ନାହିଁ,
ଆଉ ସ୍ୱପ୍ନରେ ଭୁଲିବାକୁ ଜଙ୍ଗଲର ବାଘ ହୋଇ
ଚଢ଼େଇଟି ମୋ' ଛାତିରେ ଡେଉଁଅଛି ଆହ୍ଲାଦରେ
ମୁହୂର୍ତ୍ତକ ପାଇଁ। ମୁହୂର୍ତ୍ତକ ପାଇଁ ଚଢ଼େଇଟି
ବୁଝିପାରେ ନାହିଁ। ତା' ଆଖିରେ ରାତି ଆସେ
ମୋ' ଦେହରେ ଅତିକ୍ଳାନ୍ତ ନିଦ ଯିବାପାଇଁ ॥

ଫେରିବାର ଅର୍ଥ ଯଦି ତୁମଠାରୁ
ମୋ' ବିଛଣା, ଚମ୍ପାଫୁଲ ଭରେ ବୋଲି
ରିକ୍ସାକୁ ପଇସା ଦେଇ ଭୁଲିପାରେ ରାତି ବସ୍‌ଟିକୁ
ଭୁଲିପାରେ ଶିକାରୀ ଭିତରେ କଙ୍କାଳର ବିକଟାଳ ହାଇ
ଭୁଲିଯାଇ ଉଡ଼ାଇ ଦେବାକୁ ଅରଣ୍ୟର ଚଢ଼େଇକୁ
ଅରଣ୍ୟକୁ, ଫେରାଇ ଦେବାକୁ ବାଘ ଆଖି
ଅନିଶ୍ଚିତ ଅନ୍ଧାର କୋଳକୁ ॥

ମୁଁ ଫେରିଛି। ମୁଁ ଜାଣିଛି, ତୁମଠାରୁ
ମୋର ଏଇ ଅମିଳା ଦୂରତ୍ୱ
ଫେରିବାର ଅର୍ଥ ମୋର ଦୂରତାର
ପ୍ରତିପାଦେ ସ୍ମୃତିର ପାହାଚ ॥

■

ପ୍ରଥମ ଶୀତରେ

ଶୀତର ସଂଜ୍ଞା ହୋଇ
ଏ ଯେଉଁ ସନ୍ଧ୍ୟାର ପରିଧି,
ଅନାବୃତ ଅଞ୍ଚଳରେ
ଧୂଆଁର କୁଣ୍ଡଳୀ ନେଇ
ମାଖୁଥିଲା ଆକାଶର ଟିକିଏ କାକର।

ପାହାଡ଼ର ପାଖେ ପାଖେ
ଯେଉଁ ପକ୍ଷୀ ଉଡ଼ିଗଲା-
କୁହୁଡ଼ିର କାରା ଦେଇ
ଅରଣ୍ୟ ସେ ପାଖକୁ,
ସବୁଜିମା ନିଦ ନେଇ
ତନ୍ଦ୍ରା ସେତ ଦେଖିଲା କି ନାହିଁ,
ଜାଣି ପାରିଲିନି ?

ଏଇ ଯେଉଁ ଝାଉଁଗଛ-
ଏ ଶୀତର ନିଃସ୍ୱ ଦେହ
ଜହ୍ନର ତରଙ୍ଗ ପିଇ
ଭାବିଲା କି,
ଜହ୍ନ ତାର ପ୍ରଣୟିନୀ ?
ପ୍ରଣୟର ଜ୍ୱାଳା ପରି
ଟେବୁଲର ଦେହ ପରେ

ତୁମ ନାମ,
ଏଇ ପ୍ରଥମ ପ୍ରେମର
ଅବା ଆମ ସବୁ ମିଳନର ତାରିଖ ଲେଖି
ମୁଁ ନିଜେ କି ନିସ୍ୱ ହେଲି
ଆଉ ସତେ କିବା ହାରିଗଲି ମୁହିଁ।

ଝାଉଁଗଛର ଏ ପ୍ରଣୟ ସନ୍ଧ୍ୟାରେ
ମନେ ହେଲା ମୋତେ ଦେଖି
ଥରି ଥରି ପତ୍ରର ଜଡ଼ତା,
ଏ ଶୀତର ପ୍ରତିବାଦ କଲା।

ଏତେ ତନ୍ଦ୍ରା, କାକର ବା ପ୍ରଣୟିନୀ ହୋଇ
ଯଦି ବି ସେ ଆସିଥିଲା,
ମୋ ମନର ନିଃସ୍ୱତାର ଶେଷ ମୃତ୍ୟୁ ହୋଇ।

■

କୌଣସି ରିକ୍‌ସାବାଲାର ଜଣାଣ

ନୀରବତା ବି କେତେ ପ୍ରାଞ୍ଜଳ ଭାଷାରେ
କଥା କହିପାରେ ତୋର ମଧ୍ୟାହ୍ନ ଖରାରେ
ତୁ ଘୁମେଇ ପଡ଼ିଥିବା ପାରାର ସ୍ୱପ୍ନିଳ ଆକାଶକୁ
ଛୁଇଁପାରୁ ପୁଣି ଅସହ୍ୟ ଶୁଖିଲା ଖରାର
ବୋଝରେ କ୍ରୁଶବିଦ୍ଧ ହୋଇପଡୁ ଆପଣା
ତରବାରୀ ପରି ରିକ୍‌ସା ଛାତିରେ ନୀରବରେ
ସବୁ ଦୁଃଖ ତୋର ଭୁଲିଯାଉ ଅକାତରେ
ସବୁ ସୁଖ ତୋର ମଲ୍ଲିହାର ପରି
ତୋ' ହାତ କାନିରେ ଝାଉଁଳିପଡ଼େ, ଝାଲୁଆ ଅଝଟ
ଛୁଆ ତୋର ରାହାଧରି ଡାକେ ଯେତେବେଳେ ।

ତୋର ରିକ୍‌ସା ଚକରେ ମତୱାଲା
ସୂର୍ଯ୍ୟର ପ୍ରତିବିମ୍ବ ଘୂରିବୁଲେ
ମନ ମତାଣିଆ ସୁର ଧରି ନ ବୁଝି ତୋହର
ଦୁଃଖ ସୁଖ ଘେରା ବନସ୍ତରେ ନୀରବତା ଝୁଲିରହେ
କେମିତି କେଉଁଠି କେତେବେଳେ
ସେ' ହସୁଚି ଗାଉଚି ଯେତେବେଳେ
ତୁ'ବି ହସ, ନାଚ, ପେଟରେ ଭୋକ ଧରି ବି
ଗଡ଼ାଇନେ ସୂର୍ଯ୍ୟକୁ ଏ ଗଳିରୁ ଆଉ ଏକ ଗଳି ।

ଓଠରେ ତୋ' ହୁଇସିଲ ଅବା କଣ୍ଠରେ
ଫିଲ୍ମି ଗୀତର ପଦେ ଅଧେ
ରାହାଧରି ତୁ ଧୁମ୍ ବୋଲୁଥିଲା ବେଳେ
ତୁ ଜାଣୁନା ତୋ ଛାଇ ଲମ୍ବିଯାଏ
ତୁ ଜାଣୁନା ତୋ ସୂର୍ଯ୍ୟ ତୋତେ ଠକି ଦିଏ କେମିତି
ଅନ୍ଧାର ଜକେଇ ଆସେ
ଧୀରେ ଧୀରେ ଆଖିପତା ଭାରି ହୋଇଯାଏ
ଓ ତୁ ଝୁଲିପଡୁ ପୁରୁଣା କେଲେଣ୍ଡରଟିଏ
କେଉଁ ଅଧା ଭଙ୍ଗା କାନ୍ଥର ଦେହରେ,
ପେଟର ଭୋକକୁ
ଚହଲା ମଦର ଆହୁଲେ ଶୋଷରେ
ପୋଛି ଦେଉ ଆଉ ଭୋକିଲା ବାଘର
ଲାଲ ଲାଲ ଆଖି ଧରି ଧୀରେ ଧୀରେ ପାହୁଲ ପକାଇ
ତୋ' ବଣର ଅନ୍ଧାର ରାଜୁତିରେ ଘୂରିବୁଲୁ
କାହିଁ ଶେଷ ଏ ବୁଲିବାର
ଯେତେ ଯାତ୍ରାର ଆରମ୍ଭ
ସେତେ ରାସ୍ତାର ଶେଷ ନାହିଁ
ତୋ' ବନସ୍ତର ନୀରବ ରାତିରେ
ତୁ କାନ ଡେରିଲେ ତୋହରି ପାଦଶବ୍ଦ
ତୋତେ ଚକିତ କରେ, ତୁ ଆଖି ଖୋଲିଲେ
ତୋହରି ପ୍ରତିଛବି ତୋତେ ଉପହାସ କରେ—
ତୁ ଏକ ରୁଗ୍ଣ ଅସହାୟ ପ୍ରତିମୂର୍ତ୍ତି
ଠିଆ ହୋଇ ଦେଖୁଥାଉ ତୋର
ସୁନ୍ଦର କୁଡ଼ିଆର ଜଉଘର ଜଳିଯାଏ କେମିତି
ଭୋକରେ, ଶୋଷରେ କିମ୍ବା ତୋ'ର ସ୍ତ୍ରୀର
ତୋ' କୁନି କୁନି ପିଲାମାନଙ୍କ ଛୋଟ ଛୋଟ
ଅଭିମାନ ଭିତରେ।

ତୁ ବା' କିସ କରିପାରୁ
ତୋ' ରିକ୍‌ସାର ଠିକଣା ବା' କାହିଁ
ମୁହୂର୍ତ୍ତରୁ ମୁହୂର୍ତ୍ତକୁ ସେ ବଦଳି ଯାଏ
ଏ ଗଳିରୁ ସେ' ଗଳିକୁ ଭଡ଼ା ଦେଇ
ତୋତେ କିଣିଥିବା ସାମୟିକ ମଣିଷ ହାତରୁ
ଅନ୍ୟର ହାତକୁ- ଚୁପ୍ ଚାପ୍
ଜାଣି ବି ଅଜଣା ହୋଇ, ଶୁଣି ବି ଅଶୁଣା ହୋଇ
ତୋର କ୍ଳାନ୍ତି ତୋର ଅବଶୋଷ
ମିଳେଇଯାଏ ଗହଳି ଜନସମୁଦ୍ର ଭିତରେ
ଆପଣା ବୋଲି ତୋ' ଗୀତର ଗମାତିଆ ସୁର
ନୀରବରେ ହଜିଯାଏ, ସହିଯାଇ
ବିଦ୍ରୂପ ଅଟ୍ଟହାସ୍ୟ ସମ୍ଭ୍ରାନ୍ତ ପଣିଆର
ରଥଯାତ୍ରା ଲାଗିଥିଲା ବେଳେ !
ତୁ କଣ ଅନେଇଛୁ କାଳିଆର ଗୋଲ ଗୋଲ
ଆଖି ଯୋଡ଼ିକକୁ, ଏ ବୋଝରୁ ମୁକ୍ତି ପାଇଁ ?
ମିଛ, ତୁ ତ କିଛି ପାଇବୁନି
ତୋତେ ବା ପଚାରେ କିଏ
କେବଳ ଏଠି ପ୍ରତିଶ୍ରୁତି ତୋହ ଲାଗି ଅସରନ୍ତି ଯାତ୍ରାର,
ଏ ଜନ୍ମରୁ ଅନ୍ୟ ଏକ ଜନ୍ମ, ଏ ଅରଣ୍ୟରୁ
ଅନ୍ୟ ଏକ ଅରଣ୍ୟରେ ପ୍ରାଣ ଯିବାଲଗି
ବିଛାଇ ପଡ଼ିଥିବା ଘୂଣଖିଆ ଛିଣ୍ଡା ଖରାର ମସିଣା
ଯେଉଁଠି ତୋ' ନୀରବତା କହିପାରେ କଥା
ରେ କାଳିଆ, ତୁ ମୋର ସୁନାପିଲା,
ଯିବା ଲୋକ ସୁନା ପାଲିଙ୍କିରେ
ତୁ ତୋର ବସିଥା ରଥର ଉପରେ
        ନ ଦେଇ ତୋହର
ବୋଝ ମୋ' କଙ୍କାଳ ରିକ୍‌ସାର ପିଠିରେ-
        ତୋହ ପରି
ବଡ଼ ସାମନ୍ତକୁ ସାଥେ ଘେନି ଯିବାର

ଅଙ୍କୁର ମୁଁ ନୁହେଁ ଯେତେବେଳେ
ମୁଁ ଏଇଠି ନୀରବରେ ତୋତେ ଅନାଇ ବସିଛିରେ
ଖପ୍‌କିନା ମୋ' କୋଳକୁ ତୁ ଖସି ପଡ଼ିବୁ କେତେବେଳେ
ଓ ମୁଁ ନିଶ୍ଚିନ୍ତରେ ତୋତେ ଧରି ଦଉଡ଼ନ୍ତି
ଦେହେରୀ ଜଙ୍ଗଲର କ୍ରମଶଃ ଅନ୍ଧାର ଧରି ଆସୁଥିବା
ଶିଉଳିଆ ଗୁମ୍ଫା ଭିତରକୁ
ତୋର ଚିଦାନନ୍ଦ ପ୍ରକୃତି କୋଳକୁ ଓ ମୁଁ ତୋ'
ନୀରବ ହସିଲା କୁକୁଂମିଆ କଥାମାନଙ୍କ ଉଚ୍ଚାଟ ଶୁଣି ଶୁଣି
ତୋ' ପାଦତଳ ଘାସ ଗାଲିଚାରେ ଟିକିଏ
ଶୋଇ ପଡ଼ନ୍ତି ଅଭୟରେ, ଅବିଳମ୍ବେ ॥

■

କେଉଁଝର

କେଉଁଝର ଶ୍ରାବଣକୁ ହାତଠାରେ
ଚୁପ୍ ଚାପ୍
ପାହାଡ଼ ମୁହଁରେ ବିସ୍ମୟ
କୁହୁଡ଼ିଆ ଖରାରେ ଭିଜି
ଉଡ଼ିଲା ଚଢ଼େଇଙ୍କ ଡେଣା ମେଲିଯାଏ
ପ୍ରଥମ ଶ୍ରାବଣର ମେଘ ବାଘ ପରି ଡେଇଁପଡ଼େ
ଖଣ୍ଡାଧାର ଜଳପ୍ରପାତରେ।

ଠିଆ ରୁହ, ବଇଁଶୀ ଡାକୁଚି ଆଜି
ମନ୍ତ୍ରମୁଗଧ ଖରାବେଳ ବିମୋହିତ,
ଅରଣ୍ୟରୁ ଉଡ଼ିଆସି ନିଷ୍ଚଳ ଚଢ଼େଇଙ୍କ ଗପ
ବନ୍ଦ ହୁଏ, କେଉଁଝର!
ତୁମ ବାରଣ୍ଡାରେ ସ୍ମୃତିର ପଣତ
ବ୍ୟତିବ୍ୟସ୍ତ କରେ ମଲ୍ଲୀ ବଗିଚାରେ-
ହଠାତ୍ ଶ୍ରାବଣ ଆସି ଠିଆ ହୁଏ
ତୁମ ମୋ' ମଝିରେ!

କେତେ ବିମୁଗ୍ଧ ତୁମେ କେଉଁଝର
ସ୍ୱପ୍ନ ଖାଲି ସ୍ୱପ୍ନର ଆକାଶ ତୁମ
ଭରିଯାଏ ମେଘର ଛାଇରେ
ଅଥଚ ମୁଁ ଅସହାୟ ମଣିଷର
ବଗିଚା ଭିତରେ ଅନ୍ଧାରର ବାଦୁଡ଼ିଙ୍କୁ
ତଡ଼ିଦିଏ ଆଲୋକର ବିମୁଗ୍ଧ ସକାଳେ!

କାମନା

ମୋତେ କର ନିର୍ବାପିତ ନିଷ୍ପାପ ବସନ୍ତ
କୁସୁମର କୁଣ୍ଡଳୀରେ ବାନ୍ଧି ଦିଅ
ଏ ଦେହର ବାସନା। ପ୍ରଜାପତି ଡେଣାପରି
ଜାଳିଦିଅ ନାନା ରଙ୍ଗେ ଉନ୍ମତ୍ତ-ମଦନ।

ମୁଁ ନୁହେଁ ଇସ୍ପାତର ଲୁହ
କାକ୍‌ଟାସ କଣ୍ଟାପରି ମୁଁ ହେଲି ନିର୍ମୁକ୍ତ ଜୀବନ
ମେଘମୁକ୍ତ ଜହ୍ନପରି ସେ ଜ୍ୱଳନର ପାଉଁଶ ଭିତରୁ
ଖୋଜିବାର ପିପାସା ମୋ'ଠି ମୃତ୍ୟୁର ଅତୃପ୍ତି।

ଶୀତ ନାଇଁ ବୈଶାଖର ଧୈର୍ଯ୍ୟ ହଜି ନାଇଁ
ଏ ରାତିର ସଙ୍ଗୀତରେ ସମୟର
ପ୍ରତିଧ୍ୱନି ମିଳେଇ ଯାଇନି।
ବସନ୍ତ ଆସିନି ?

■

ଘୁଡ଼ି

ହେ ବନ୍ଧୁ! ତୁମକୁ ତ କହିନାହିଁ
କେମିତି ମୁଁ ତୁମ ଫୂର୍ତ୍ତିର ସଡ଼କେ
ମନେକଲି ନିଜେ ଅବା ଖିଲି ଖିଲି ହସୁଥିବା
ଛୋଟ ପିଲାର ଉତ୍ତର ଘଡ଼ିରେ
ହେଉଥିଲି କ୍ରମଶଃ ମୁଁ ମାଟିରୁ କାଗଜ;
ଓ ତାପରେ ସମସ୍ତ ସୁତା ଓଟାରି ଓଟାରି
ସନ୍ଧ୍ୟା ମେଘରେ ବାରମ୍ବାର ଆଉଟି ହେବାକୁ, ପବନ ହେବାକୁ।

ହେଇ ଦେଖ, କି ବିକଳ,
ଫାଟିଗଲା କାନି ମୋର
ଚକ୍ର ପରି ମଥା ବୁଲୁ ଅଛି।

ଫେରିବାକୁ ଅନିଚ୍ଛୁକ ମୁଁ ତଥାପି ଅଳାଜୁକ
ଫେରୁଛି। ମୋ' ମାଟିକୁ ଲୋଭେଇ କହୁଛି-
ଦେରେ, ଯୋଡ଼ି ଦେ ଆଉ ପଟେ ରଙ୍ଗୀନ କାଗଜ-
ପୁଣି ଖାଲି ଉଡ଼ିବାକୁ; ଘୁଡ଼ି ହୋଇ ଭୁଲିବାକୁ
କାଗଜରୁ ଆକାଶ ହେବାକୁ।

ବନ୍ଧୁ ତୁମେ ହସ ନାହିଁ।
ମୁଁ ହେଇଛି ଦୁଇଟି କାଠିର ଲୋତକେ ସାର୍ଥକ ବୋଲି
ପିଲାଟି ଯେ ବେଶ ଧକେଇ କାନ୍ଦୁଛି।

ଜଣାଣ

ହେ ଈଶ୍ୱର !
ତୁମରି ଓଁ କାର ଏତେ ସହଜରେ
ହତ୍ୟା କରିପାରେ ମୋର ସମସ୍ତ
ନିରୀହ ନୀରବତାକୁ ।

ତୁମର ବିନ୍ଦୁଏ ଲୁହ
ଧୋଇ ନେଇଯାଏ ମୋର ଯେତେ
ଆକାଂକ୍ଷିତ, ଅନିର୍ଦ୍ଦିଷ୍ଟ କାମନାଙ୍କୁ
ସେଇଥି ପାଇଁକି, ମୁଁ ଜଳାଇଲି ତୁମ ଆଗେ
ଗୁଡ଼ାଏ ଧୂପକାଠି ଏକା ସାଥେ ।
ଫିଙ୍ଗି ଦେଲି ଦୁଇଟି ଫୁଲର ପାଖୁଡ଼ା ।

ଶାନ୍ତି ।
ଏବଂ ସେଇ ଧୂଆଁର ଢେଉରେ
ମୋର ନୀରବତା ! ମୋର କାମନା
ଯେମିତି ଗୁଡ଼ିଏ ବିକ୍ଷିପ୍ତ କାଚର ଆକାର ।
ଆଉ ପ୍ରଭୁ,
କୃପାଳୁ ତୁମେ, ମାଡ଼ି ମାଡ଼ି ଗଲ
ସେଇ କାଚର ଉପରେ
ମୋ' ପାଇଁ ଦେଇଗଲ ଏତେ ଲହୁ
ଆସି କୁହ ସାଇତିବି କାହିଁ ?
ଶବର ହାତରେ ଶରବିଦ୍ଧ ହେ ପଦ୍ମପାଦ
ମୋତେ ଆଜି କରିବ କି କ୍ଷମା ?

ଆତ୍ମପ୍ରତ୍ୟୟ

॥ ୧ ॥
ସ୍ମୃତିର ହିସାବ ରଖି
ଗୋଲାପର ରଙ୍ଗରେ ମୁଁ
ଆଙ୍କିଥିଲି,
ତୁମର ଏ ଏକ ଅତୃପ୍ତ ହୃଦୟ
ହୃଦୟର ପକ୍ଷୀଟାଏ
ଏ ନିଦାଘ ପ୍ରହରେ
ଝାଡୁଥିଲା ପକ୍ଷ ତାର
ଅନ୍ତରର କ୍ଷୁଧା ତାର ମରିଯାଇ ନାହିଁ ।

ତୁମ ମନ
ତୁମ ପ୍ରାଣ
ତୁମ କ୍ଷୁଧା ଅନ୍ତରେ ମୋହରି
ତୁଳୀର ଆତ୍ମାର ସାଥେ ରଙ୍ଗୀନ ଏ ମାୟାଜାଲ ରଚି
ସରିଥିଲା ଅସଂଖ୍ୟ ସରଳରେଖା ମଝିରେ
କେନଭାସ ପୃଷ୍ଠାର ଉପରେ ।

ସମୟର ସେ ପକ୍ଷୀଟାର କ୍ଷୁଧା
ତା ସାଥେ ତୁମର ଅତୃପ୍ତ ଆତ୍ମାର ବିଷର୍ଣ୍ଣ ରାଗିଣୀ
ମୋ' ରଙ୍ଗର ବିବର୍ଣ୍ଣ କାନଭାସ ପୃଷ୍ଠା
ଆଜି ଏ ନିଦାଘ ପ୍ରହରେ

ସ୍ମୃତିର ହିସାବ ରଖି
ଗୋଲାପର ରଙ୍ଗରେ ଆଙ୍କୁଥିଲା
ଜୀବନକୁ
ସରଳରେଖାରେ ॥

॥ ୨ ॥

ସୂର୍ଯ୍ୟର ରୂପକ
ଏଇ ଜଳ ତରଙ୍ଗରେ ଆଲୋକିତ
ଏକ ମୁଁ
ଜହ୍ନର ପ୍ରତିଛବି
ସବୁଜିମାର ନିଦ୍ରିତ ଆଖିର ତରଙ୍ଗାୟିତ
ଏକ ତୁମେ ।
ସେଇ ମୁଁ
ଏବଂ ତୁମେ ।

ଶୀତ

॥ ୧ ॥

ଖରାର ଲୋଟଣି ପାରା
ମୋ' ଛାତିରେ ଗୁଞ୍ଜିଦେଲା
ଉଷୁମ ପରଟି ତା'ର ଓ
ମନା କଲା, ଏମିତି ଲଙ୍ଗଳା ହୋଇ
ଯାଅନାହିଁ ବଡ଼ ଠାକୁର ଦାଣ୍ଡକୁ
ଯେଣୁ ଶୀତ ପରମବ୍ରହ୍ମ ଶରୀରଟି ଧରି
ତୋତେ ଖାଲି ଡାକୁଅଛି
ଆ, ବାୟା ତୋହଲାଗି ମୋହର ନିଷ୍ପତ୍ତି ॥

॥ ୨ ॥

କ୍ରମଶଃ ଆସୁଚି ଶୀତ,
ବ୍ୟସ୍ତ କରି ଫେରିବାଲା ମନ
ସନ୍ଧ୍ୟା ହେଲା, ବନ୍ଦ ହେଲା
ଘରଦ୍ୱାର, ପଡ଼ିଶା ମହଲ ॥

ଚେନାଚୂର କିଛି ତୁମେ ଦେବ କିହେ,
ଆମ ପ୍ରଶ୍ନ ନ ଶୁଣି ବି
ସିଏ ହଠାତ୍ କହିଗଲା–
ଲଙ୍କା, ଲୁଣ, ଲେମ୍ବୁ ଓ ପିଆଜ ?
ଆମେ ଚାରି ମିତ ନୀରବରେ ହଁ କହି
ଅନାଇଲୁ। ତା' ମନକୁ କ୍ରମେ
ଶୀତର ଭୂତସବୁ ଉଡ଼ିଯାଇ ଚଢ଼ିଥିଲେ
ଆମର ମନରେ। ଆମର ଦେହରେ ॥

ଶୀତର ଜୀବନ

ଶୀତର ଜହ୍ନରେ ନେଥା ନେଥା ଏ ମେଘର ଦେହ
ଆକାଶର ବକ୍ଷରେ
କେତେ ଚିହ୍ନ ହୋଇ ଏଇ ସବୁ ପକ୍ଷଝଡ଼ା ଜୀବନର ଭିଡ଼
ପବନର କମ୍ପନ ଯଦି ଅନୁଭବ କରିପାରେ ମୋର ଏ ମୁହୂର୍ତ୍ତ
ସବୁଜ ଗଛର ଡାଳ ନେଣି ହେଲେ ସେ କମ୍ପନର ଆବର୍ତ୍ତ ବୃତ୍ତରେ
ଯଦି ବି ସବୁଜର ବସନ୍ତ,
ଏ ଶୀତର ରାତିରେ ଅନ୍ଧାରର ଚାଦରଟା ଘୋଡ଼ି ହୋଇ
ଶୋଇ ପଡୁଥିଲା ଅଧୀରେ ॥

ପକ୍ଷଝଡ଼ା ଜୀବନର ଭିଡ଼
ସେ ଶବ୍ଦ ମୁଁ ଶୁଣିଥିଲି କେବେ
ମୋ କମ୍ପନ ବି ସେ ଶବ୍ଦର ତାଳରେ ଅନିଶ୍ଚିତ
ତେବେ, ପବନର ଢେଉରେ ଜାଣୁଥିଲି ତାର ଯେତେ ସ୍ପର୍ଶର ସ୍ଥିତି
ଆକାଶର ଦେହ ଚିରି ତାରା ସବୁ ହାଇ ମାରୁଥିଲେ
ସମୟର ଭିଡ଼ ମଧ୍ୟେ ହଜିଯିବା ପାଇଁ ॥

ମୋର ଏଇ ଅନୁଭବ ଅବା ଅନୁଭୂତି ତାରାର ନିଦରେ ଏଇ
ଶୀତର କୁହୁଡ଼ି ଶେଯେ ଅସହାୟ, ଅବିଚଳିତ
ତେବେ ବି ଏ ରାତ୍ରି ପାହିବ
ଏ ପ୍ରଥମ ଶୀତର ନିଦ ବି
ସକାଳର ବାଳସୂର୍ଯ୍ୟ ପରେ ଅଳସର ନିଶ୍ୱାସ ମାରିବ ॥

ଗ୍ରୀଷ୍ମ

ଅଦ୍ଭୁତ ଲାଗଇ
ଏ ଗ୍ରୀଷ୍ମର କବାଟ ଫାଙ୍କରେ
ପଳାଶର ରକ୍ତ ଦେହ
ମନ୍ତ୍ରମୁଗ୍ଧ ସୈନିକଟି ପରି
ଝରିପଡ଼େ
ଝରିପଡ଼େ ॥

କି ଆଶ୍ଚର୍ଯ୍ୟ କଳରା-ଫୁଲର ଖରା
ଛାନିଆରେ ପାହାଡ଼କୁ ଚଢ଼େ,
ଜଙ୍ଗଲର ଶୁଖିଲା କାଠରେ
ଲିଭି ଲିଭି ଆସୁଥିବା ଧୂଆଁ ଖିଅ
ଭଉଁରେଇ
ଭଉଁରେଇ
ଉପରକୁ ଉଠେ ଓ ଖରାକୁ ମିତ ଭାବି ବାଦ ଲାଗେ ॥

ଆହା ଗ୍ରୀଷ୍ମ-ପାହାଡ଼ରେ ନିଆଁଖାଲି।
ରାତିଯାକ ମହୁଲ ନିଶାରେ, କନ୍ଧପଲ୍ଲୀ ଜାଗିଥାଏ
ଆଦରରେ, ନିଆଁକୁ ଜୀବନ କରି
ସପନରେ, ପଳାଶ ମାଳାକୁ ପିନ୍ଧି
କଳରା-ଫୁଲର ଖରା ପାହାଡ଼ରୁ ସାଉଁଟି ସାଉଁଟି
ଆହା ସତେ ଫେରିଯାଏ
ଫେରିଥାଏ
ଅମାନିଆ ନିଜର ଘରକୁ,
ଆଶା ରଖି ସୁଖର ସଂସାରେ ॥

ନାଟ୍ୟକାର

ଛଳନାକୁ ବାନ୍ଧି ରଖିବା ତାଙ୍କର ଯେମିତି ଅଭ୍ୟାସ।
ମିଛକୁ ଘର କରିବା ତାଙ୍କର ଯେମିତି ବାହାଦୁରୀ।
ସେ' ବୁଝି ପାରନ୍ତିନି ଛଳନା ହିଁ ଜୀବନ
ମିଛ ହିଁ ବଞ୍ଚିବା
ଓ ସେମାନଙ୍କଠୁ ଦୂରେଇ ମୁହୂର୍ତ୍ତଟି ହିଁ ମୃତ୍ୟୁ
ସେ' ମୃତ୍ୟୁ ସତରେ, ସନାତନର, ଭବିତବ୍ୟର ॥

ତଥାପି ଦୃଶ୍ୟ ପରେ ଦୃଶ୍ୟ ଆସେ ଯାଏ
ମିଛର ଘର ଭାଙ୍ଗେ
ଛଳନାର ପିଞ୍ଜରା ଖୋଲିଯାଏ ॥

ତାପରେ ଖାଲି ଖୋଜିବା ଓ ପାଇବାର ଉପକଥା ଭିତରେ
ସିଏ ହିଁ ନିଜେ ଏକମାତ୍ର ଯବନିକା।
ସେ' ଜଣେ ନାଟ୍ୟକାର ॥

ସନ୍ଦେହର କବିତା (୧)

॥ କୃଷ୍ଣଚୂଡ଼ା ॥

ଉବୁଟୁବୁ ଆତ୍ମା ତା'ର ଲୋହିତ ମଧ୍ୟାହ୍ନ
କୃଷ୍ଣଚୂଡ଼ା ଭରିଦିଏ ମଧ୍ୟାହ୍ନର ଛାଇ,
ଡାକି ଆଣେ ଆକାଶର ଅଗଣାରୁ
ମୁହୂର୍ତ୍ତକ ସନ୍ଧ୍ୟାର ସପନ।
ସନ୍ଧ୍ୟାର ସପନ। ସେ ଖାଲି ଭରିଦିଏ
ନୀରବତା। ଢାଳିଦିଏ ଅଶ୍ଳୀଳ ମନର ଆଶଙ୍କା
ଅନ୍ଧାରରେ ଛାଇଯାଏ ଚହଲି ଚହଲି
ଉନ୍ମତ୍ତ ରାତିକୁ। ଅର୍ଦ୍ଧରାତି
ପକ୍ଷୀର କାକଳି
ରୁଦ୍ଧଦ୍ୱାରୁ ଡାକି ଡାକି ଫେରିଯାଏ,
ଶିଥିଳ ଅବଶ ରାତି ଭାଙ୍ଗିଯାଏ
କୁତ୍ସିତ ଗଳିର ଅନ୍ଧାରେ।
ଏ ମୃତ୍ୟୁ-ଶିଥିଳ ନୁହେଁ ତ ?
ସେ କେବଳ ଲାଲ ରଙ୍ଗ
ଓ ସବୁଜ ପତ୍ରର ସନ୍ଦେହ।

।। ସନ୍ଦେହ ।।

ଚାରିଆଡ଼େ ଅନ୍ଧକାର। ସମବୟସ୍କ ବନ୍ଧୁଙ୍କ ସନ୍ଦେହ-
ଭୂତର ଭୟ ପରେ ପତ୍ନୀ ତାଙ୍କ ଲାଲରଙ୍ଗ ପଣତରେ
ଆଦରରେ ଲୁହକୁ ପୋଛିଲେ। ଆଲୋକର ଦର୍ପଣରେ
ଅବାକ୍ ଆଖିରେ ଦେଖିଲେ ସିନ୍ଦୂରରେ ବିପର୍ଯ୍ୟସ୍ତ
ତାଙ୍କର କପାଳ, ଅନ୍ଧାରରେ ମନେକଲେ
କିଏ ସତେ ତାଙ୍କୁ ଡାକେ କୃଷ୍ଣଚୂଡ଼ା ମୂଳେ।

କାମନାର ସନ୍ଦେହ କେଉଁଠି ?
ପଡ଼ୋଶିନୀ ଷୋଡ଼ଶୀ ମନରେ ସନ୍ଦେହ-
ଲାଲ ପାଦରେ ତାଙ୍କର ଧୂଳିର ବିଭସ୍ତ ଆକାର,
ଜାଣିଥିଲେ ବୋଲି ସିନା ପ୍ରେମ ପୁଣି ଘୃଣାର
ଏ ଶୂନ୍ୟ ଆକାଶରେ, ବଜାରର ରଙ୍ଗିନ୍ ମଣିଷ
ଓ ଅତରର ବାସ୍ନା, ଦେଇପାରେ
ଅଯାଚିତ ପ୍ରାଣର ସାମ୍ରାଜ୍ୟ।

।। କୃଷ୍ଣଚୂଡ଼ା ଓ ସନ୍ଦେହ ।।

ଛୋଟ ସିଏ ଶିଶୁଟିର ଓଠରେ ସନ୍ଦେହ।
କୃଷ୍ଣକାୟ ପିତାମାତା
ଓ ଲାଲି ଟହ ଟହ ଶିଶୁର କାକଳି
ଅସମ୍ଭବ। ଅସମ୍ଭବ କୃଷ୍ଣକାୟ
ଆହେ ପିତାମହ।

ବଗିଚାରୁ ବୃଦ୍ଧ ପିତାମହ
ଗୋଟାଇ ଆଣିଲେ କୃଷ୍ଣଚୂଡ଼ା-
କୃଷ୍ଣଚୂଡ଼ା ! ତୁମ ରଙ୍ଗ ଏତେଟା ଅସତ୍ୟ।
ମୋ' ନିଜ ରକ୍ତରେ ତୁମ ପ୍ରତିଟି ପାଖୁଡ଼ା

ରଙ୍ଗ କରୁ କରୁ
ମୋର ପ୍ରତିଟି ଯୌବନ
ନିଃଶେଷ ହୋଇଥିଲା ତୁମ ସବୁଜ ପତ୍ରରେ।
ନା, ମୁଁ କିପରି ନିଜକୁ ଯେ ସନ୍ଦେହ କରୁଚି ?
ମୋ'ରି ରକ୍ତକୁ। ମୋହରି ଦେହକୁ।

ଏ ମୋର ଦୁର୍ବଳତା।
ନିଜସ୍ୱ ଯେତିକି ପାପଠାରୁ ଓଟାରି ନେବାକୁ।
ପିତାମହ ଛିଡ଼ାହେଲେ।
ଗୋଛାଏ କୃଷ୍ଣଚୂଡ଼ା ତୋଳି ଆଣି
ଊର୍ଦ୍ଧ୍ୱମୁଖେ ଜଣାଇଲେ-ତୁମ ପଦରେ ଠାକୁରେ,
ଅର୍ପିଲି ମୋ ନିଜସ୍ୱ, ସ୍ୱାର୍ଥପର
ଆଜିର ଏ ଚେତନା ଯେତିକି।

■

ସନ୍ଦେହର କବିତା (୨)

ସବୁଜ ତ ଜଳିଗଲା
ଘାସ ପରି,
ପାହାଡ଼ର ରୁଦ୍ରମୂର୍ତ୍ତି
ଜଳାଇଲା ।
ପ୍ରଚଣ୍ଡ ବୈଶାଖ ମାସ
ଜଳକଣା, ଘନୀଭୂତ ଆଶା ନେଇ
ନ ଆସିଲା, ଖାଲି କଥା ଦେଇଥିଲା ।
ତୃଷିତ ଜିହ୍ୱାର ପ୍ରଖର ବତାସ
ସବୁଜ ଅରଣ୍ୟର ବିସ୍ଫାରିତ ମୁଖର ଗହ୍ୱରେ
ଥମିଗଲା । ଜଳକଣାଟିଏ ସତେ ନ ଆସିଲା ।

ସବୁଜକୁ ଭଲ ପାଇ ଲାଭ କ'ଣ ?
ସନ୍ଦେହ ଆସିଛି ମନେ ।
ଘାସ ବୋଲି ତୁଚ୍ଛ ସବୁଜିମାର
ବିକଳାଙ୍ଗ ଶରୀରକୁ ଧରି ଲାଭ କ'ଣ ?
ଗୋଚରଗଣ ବାହୁଡ଼ିଲେ
ନ ଆସି ମୋହର ନିକଟ
ଓ ଦେବାଲାଗି ମାତୃତ୍ୱର ସ୍ତନ ଭରି
ଟୋପାଟିଏ ରକ୍ତଧାର, କ୍ଷୀର ।

ସନ୍ଦେହ ଆସୁଚି ମନେ ।
ମାତୃତ୍ୱ କି ଆକାଙ୍କ୍ଷିତ ଯୌବନର ମୋହ ।
ସେଥିଲାଗି ଭୟ ଲାଗେ ।

ବୈଶାଖ ତ ଜଳାଇଲା ସବୁଜକୁ
ଓ ମୁଁ କାହିଁକି ଯେ ଓଜାଡ଼ି ଦିଅନ୍ତି
ଫୁଲ, ପତ୍ର, ବସନ୍ତର ମୋ' ମାଆର ସବୁଜ ସ୍ତନରୁ !

ତେଣୁ ଖାଲି ଡହଳ ବିକଳ
ମୋ ଦେହର ସରୀସୃପ ମୋ ଦେହର ବନ୍ୟଜନ୍ତୁଗଣ,
ମୋ ଦେହର ଝରଣାରେ ପାହାଡ଼ର ଊଷର ମଧ୍ୟାହ୍ନ ।
ସବୁ ଖାଲି ସନ୍ଦେହର ନୀରବ ଆଖିରେ
ଆକାଶକୁ ଅନାଇ ରହନ୍ତି,
ଓ ଆକାଶର ଇନ୍ଦ୍ରଜାଲ ବୁଣିଗଲା
ସାନ୍ତ୍ୱନାର ଚରମପତ୍ରକୁ
ହକର ପିଲାଟି ପରି ନ ବୁଝି ସେ
ବିଦ୍ରୋହର ନିଆଁ ଜଳେ,
ଶୁଖିଲା କାଠର ହାଁ ପରି ଚାହିଁଥିବା
ବୃକ୍ଷର କୋରଡ଼େ ।

ବିଦ୍ରୋହର ଡାକ ଦିଏ
ପାହାଡ଼ ଶିଖରେ ଯେଉଁ ଝଡ଼ ଲୁଚିଥିଲା
ପଉଷ ଗୁମ୍ଫାରେ । ଚାରିଆଡ଼େ
ବିକଳତା । ବୁଭୁକ୍ଷୁ ଗୋଚରଗଣ ବାହୁଡ଼ିଲେ,
ଆଉ ନ ଫେରିଲେ, ଆଖିରେ ଲୋତକ ।
ବିସ୍ଫାରିତ ଅରଣ୍ୟର ଜିହ୍ୱା ଖାଲି ବେଳେ ବେଳେ
ଲହ ଲହ କରେ, କାତରରେ,
ବିସ୍ମୟରେ, ଆଶାର ଆଖିରେ ।

ସନ୍ଦେହର ବାଟଭୁଲା ପକ୍ଷୀଟିଏ
ନିଜ ଡେଣା ଜଳାଇ ଜଳାଇ ଘରକୁ ବାହୁଡ଼େ
ଟୋପାଟିଏ ଜଳକଣା ପାଇଛି କି ସତେ ?

■

ଈଶ୍ୱର

ଈଶ୍ୱର ହିଁ ପୁରୁଣା ଦିନର
ଭଙ୍ଗା କାନ୍ଥ ପରେ
ଅଙ୍କିତ ଛବି-କେଉଁ ପ୍ରାଣର
ଭକ୍ତ-ଲହୁରେ ଲିଖିତ କାବ୍ୟର
ଚମତ୍କାର ଶବ୍ଦ ସଂଯୋଜିତ
ଜଗନ୍ନାଥ, ବା' ଯୀଶୁ ବା' ମହମ୍ମଦ !
ସବୁ ଈଶ୍ୱର ହିଁ ପୁରୁଣା ଦିନର !

ଶୁଣିଲେ ସିନା ଭକ୍ତର ଡାକ
ଗର୍ଭିଣୀ ମା' ମୃଗୁଣୀଟିର
ଲୁହରେ ଧୋଇ ଦେଇଥିଲ
ଖାଣ୍ଡବର ନିଆଁ- ନ ଶୁଣିଲେ
କେବଳ ହରିବୋଲ ଓ ହରିବୋଲ କହି
ଖଞ୍ଜଣୀ ପିଟୁଥିବା ଫଟା ରସିକର
ପାନଖିଆ ଆଁ ପାଟିରୁ ଈଶ୍ୱର
ଥଲ ଥଲ ହୋଇ ଗଳି ପଡ଼ନ୍ତି ଓ
ଭଜନିଆ ଭାଙ୍ଗର ଭୟରେ
ଈଶ୍ୱର ଦଉଡ଼ି ପଳାନ୍ତି
ବନ ବନାନ୍ତର-ରସିକ ନାଗର
ପ୍ରେମର କଇଁଟିକୁ ଓଠରେ ଦେଇ

ଡାକିଲେ ହିଁ ଈଶ୍ୱରଙ୍କ ପ୍ରଥମ ପାଦ
ଭୂମି ସ୍ପର୍ଶକରେ ଓ ଉର୍ଦ୍ଧ୍ୱବାହୁ
ବିଶ୍ୱ ବ୍ରହ୍ମାଣ୍ଡକୁ ନିଜର ବୋଲି ଆଲିଙ୍ଗନ କରେ-
ହେଲେ ଈଶ୍ୱର ତ ନିଜେ ପ୍ରେମ ପ୍ରତାରିତ
ପାଗଳପରି କାହାରି ପ୍ରେମକୁ
ଅନୁମତି ଦେଇ ନାହାନ୍ତି ନିଜର ବୋଲି,
କେବଳ ଫିକ୍‌କିନା ହସିଦେବା ଛଡ଼ା।

ଆଉ କଣ ଅଛି ତାଙ୍କ ଛବିରେ-
- ନା' ବିଷାଦ, ନା' ଛଳନା
ହାତ ଖଣ୍ଡିଆ ହୋଇବି
କେମିତି କୁଙ୍କୁମିଆ ହସର ଛିଟା
ଚାରିଆଡ଼େ ଚନ୍ଦନର ସୁବାସ,
ଏତେ କଷ୍ଟ ଜୀବନରେ
ସେ ହସରେ ଫାଟି ପଡୁଥିବା
ବେନି ଆଙ୍ଗୁଳି ତୁଲ୍ୟ ଭୂମି ନିକଟକୁ ମାଗିବା ପରେ ବି
କୁରୁକ୍ଷେତ୍ର ଶେଷ ଦୃଶ୍ୟ
ଠିକ୍ ହୋଇଥାଏ ମଣିଷର ପାଇଁ,
ଯେମିତି ଶରଶଯ୍ୟା ହିଁ ଈଶ୍ୱରଙ୍କୁ
ମନେ ପକାଇବାର ଏକମାତ୍ର ଦଲିଲ୍ ॥

ଯଦି ତାହାହିଁ ସତ୍ୟ- ଶରଶଯ୍ୟା ରୂପୀ
ଜୀବନର ସମର ପ୍ରାଙ୍ଗଣେ
କି ଲାଭ ପାଇବା ଓ ହରାଇବାର
ମହାଭାରତରେ କୃଷ୍ଣପ୍ରେମ ସ୍ୱର୍ଗାରୋହଣ ପୁଣି
ଈଶ୍ୱରଙ୍କ ଅମୃତ କୁମ୍ଭ ସନ୍ଧାନର ସ୍ୱପ୍ନ ॥

ଈଶ୍ୱର ତ ହାଇ ମାରୁଥିବା ସ୍କୁଲ ପିଲାପରି
ଭୁଲିଗଲେଣି ପଛକଥା
କେତେ ପରୀକ୍ଷା ଦେଇ ଦେଇ
କ୍ଲାନ୍ତ ମଣିଷର ମନରେ ଏବେବି ପ୍ରଶ୍ନ
ଈଶ୍ୱର ତୁମେ କିଏ ?
ତୁମେ ଆଇମା' ନିଷ୍ପ୍ରଭ ଆଖିରେ
କରୁଣାମୟ ମୁହୂର୍ତ୍ତଛଡ଼ା ଆଉ କଣ ?
ଯିଏ ଚଟ୍‌କିନା ଡେଇଁ ପଡ଼ିବାକୁ ବସିଚି
ତୁମରି ଏକମାତ୍ର ମୃତ୍ୟୁ ସତ୍ୟ ସମୁଦ୍ର କୋଳକୁ ॥

■

ମୃତ୍ୟୁ

ସେ' ଯେମିତି ଗୋଟିଏ
ବିପର୍ଯ୍ୟସ୍ତ ରତିର ଆକାଶ
ଝଡ଼ର ବିହଙ୍ଗ ପରି କ୍ଳାନ୍ତ, ଶ୍ରାନ୍ତ ।
ତା'ର ପକ୍ଷର ବିସ୍ତୃତିରେ
ଅନେକ ଅପୂର୍ଣ୍ଣ ପାଣ୍ଡୁଲିପି ॥

ସେ' ଯେ ଶୋଇଗଲା ଆଖିବୁଜି
ସୃଷ୍ଟିର ଆରମ୍ଭରୁ ଶେଷ ପର୍ଯ୍ୟନ୍ତ
ଅନେକ ଭଙ୍ଗିରେ, ଅନେକ ରୀତିରେ, କାୟାରେ
ତା'ର ଅନନ୍ତ ସତ୍ତା ତଳେ ଛପିଗଲା
କ୍ଳାନ୍ତି, ଶ୍ରାନ୍ତି, ଚେତନା, ଅବଚେତନା
ଆଶା, ନିରାଶା, ସ୍ୱପ୍ନ ଏବଂ ସତ୍ୟ ॥

ସେ' ସୁନ୍ଦର
ଯେତେବେଳେ ତା'ର ଘନକୃଷ୍ଣ ବୃତ୍ତ ଭିତରେ
ଏକ ନେଳିଆ ଆକାଶ
ହଠାତ୍ ଅମାବାସ୍ୟାର ପରିଧିରେ ବନ୍ଦୀ ହୋଇଯାଏ
ଓ ହସିଥାଏ, ଅନ୍ଧାରକୁ ନିବିଡ଼ କରି ।
ସେ' କାହାଣୀ କହେ ସେମିତି ଆକାଶ ସବୁଙ୍କର ।

ତାର ହସର ପ୍ରତିଧ୍ୱନି
ମାଂସର ବନ୍ଧନୀ ଠେଲି ପିଞ୍ଜରାକୁ ଯାଏ ॥

ସେତେବେଳେ ତୁମେ ଭୟଙ୍କର
ହେ ମୃତ୍ୟୁ !
କାରାଗାରର ଅଭିଶପ୍ତ
ଅନ୍ଧାର ଭିତରେ ଯେମିତି
ତୁମକୁ ହିଁ ଦେଖେ ।

ଏବଂ, ତାହାରି ସ୍ୱାଦରୁ ଚାଖି ସାରି
ଅନାଏ, ଅନେକ ଉପରେ
ଠୋପାଏ ଆଲୋକ
ଏବଂ
ଗୋଟିଏ ଛୋଟ ଚଢ଼େଇ
ଡେଣା ଝାଡ଼ି ଉଡ଼ିଯାଉଚି
ଆଉଟୁ ପାଉଟୁ, ଆଉ ଧରା ଦେବନି ॥

■

ପତ୍ରଝରା

ପିଲାଙ୍କର ଆଜି ବଡ଼ ଖୁସି ।
ଊର୍ଦ୍ଧ୍ୱବାହୁ ସମସ୍ତେ ନାଚୁଚନ୍ତି, ବସନ୍ତ ଆସୁଚି କି ନା' ?
ପୂର୍ବ ପବନରେ ଅସ୍ତବ୍ୟସ୍ତ ସେମାନଙ୍କର ପୋଷାକ,
ଦେହ, ମନ, କେଶଗୁଚ୍ଛ-ସବୁ କିଛି !
ଆଖିମାନଙ୍କର ଚପଳତାରେ ଚହଲି ଯାଉଚି
ସୂର୍ଯ୍ୟାସ୍ତର ରଙ୍ଗ ହସି ହସି
ଜବାବ ଦେଉଚି ପୁଣି ସୂର୍ଯ୍ୟୋଦୟ ହେବକି କି ନା ?

କଅଁଳି ଉଠୁଥିବା ସବୁଜ-ନାରଙ୍ଗୀ ପତ୍ର ଗହଳରୁ
ଝଡ଼ି ପଡୁଚି ଗୋଟା ଗୋଟା
ଶୁଖିଲା ପତ୍ରମାନଙ୍କର ମହାଯାତ୍ରାର ବିଷାଦ ଦୃଶ୍ୟ
ଯେତେବେଳେ ପିଲେ ଡେଇଁ ଡେଇଁ
ନାଚୁଚନ୍ତି, ଗୀତ ଗାଉଚନ୍ତି, ବଡ଼ ପାଟିରେ
ଚିତ୍କାର କରୁଚନ୍ତି-ଥରି ଯାଉଚି
ସୂର୍ଯ୍ୟାସ୍ତର ଉପତ୍ୟକା-ଫୁଟିଲା ଫୁଲଟି ବି
କାତରରେ ଝଡ଼ି ପଡୁଚି ନହ ନହକା ବୃନ୍ତରୁ
ପିଲେ ବଡ଼ ଖୁସି
ସାଉଁଟି ନେଉଚନ୍ତି ଶୁଖିଲା ପତ୍ରମାନଙ୍କୁ
ଫୁଲମାନଙ୍କୁ ଆଉ-

ଏକାକିନୀ ଚନ୍ଦ୍ରଭାଗା ନିର୍ଜନ ସମୁଦ୍ର କୂଳରେ
ସୂର୍ଯ୍ୟଙ୍କୁ ବାଲି ଫିଙ୍ଗିଲା ପରି
ସେମାନେ ଜଣେ ଜଣକୁ ଫିଙ୍ଗୁଚନ୍ତି
ଶୁଖିଲାପତ୍ରର ମୁଠା ମୁଠା ଶୀତଳ ଭୀତିମାନଙ୍କୁ ।
କ'ଣ ବୁଝନ୍ତି ପିଲେ
ପକେଟ ଭର୍ତ୍ତି ଶୁଖିଲାପତ୍ର ନେଇ
ଲୁଚୁକାଳି ଖେଳ ହେଲେ କେତେ ମଜ୍ଜା
କେତେ ଆନନ୍ଦ ଅନ୍ୟର ମୃତ୍ୟୁରେ ଅବସାଦରେ !

କେଉଁ ବିଷାଦ ନାଟକର ଶେଷ ଦୃଶ୍ୟ ପରେ
ପେଟ୍ରୋମାକ୍ସ ଲିଭିଯାଏ ଯେତେବେଳେ
ଲୁହ ଝରି ପଡୁଥିବା ମା'ର ଆଖିକୁ ଅନେଇ ଅନେଇ
ପିଲାଟି ଶୋଇପଡ଼େ ।

କେଡ଼େ ମଜ୍ଜା ସ୍ୱପ୍ନରେ, କୋଳାହଳରେ
କେମିତି ସକାଳ ହେଲେ ଡେଇଁ ପଡ଼ିବ
ପଡ଼ିଆକୁ ପୁନର୍ବାର ଖେଳିବାକୁ
ମୁଠା ମୁଠା ଝରାପତ୍ରରେ ପକେଟ ଭର୍ତ୍ତି
ଲୁଚୁକାଳି-ସାଙ୍ଗସାଥି ସମସ୍ତେ ଅପେକ୍ଷାରେ !

■

ଫାଙ୍କି ଦେଉଥିବା ମଣିଷଟି

କାହାରିକୁ ଫାଙ୍କି ଦେଲେ
କଥାଟି ସେଇଠି ଛିଣ୍ଡିଯାଏନି
ଲମ୍ବା ରାସ୍ତା ପରି ଲମ୍ବିଯାଏ
ଗପସପମାନଙ୍କର ହାଲୁକା ପବନ-
ଛୁଟିଦିନ ହେଲେ ତ ଛାଡ଼ିଦିଅ
ସମ୍ପର୍କ ଆଉଟି ଦିଏ ଗରମ ଚା' ସସ୍‌ପେନ
ବାରମ୍ବାର-ତାସଖେଳ ବା ସିଗାରେଟ୍‌ରେ
ନିଆଁ ଲଗାଇଲା ଭିତରେ ଯେତେ ଅନ୍ୟମନସ୍କ ହେଲେ ବି
ଫାଙ୍କି ଦେଇ ହୁଏନା ସମ୍ପର୍କର
ନଦୀ ମୁହାଣକୁ-ଯେଉଁଠି ସବୁ ଗପସପ
ସମ୍ପର୍କର କୋଳାହଳ ସମୁଦ୍ର ଗର୍ଜନରେ
ଚୁପ୍‌ଚାପ୍ ଭୟଭୀତ ହୋଇପଡ଼େ
ମଝିରାତି ଶୀତ୍‌କାର କରେ ଯେତେବେଳେ
ଝାଉଁଗଛର ଅନ୍ଧାରି ଶୂନ୍ୟ ଝରକାରେ ପବନ ବି
ଚାଲାକିରେ ଫାଙ୍କିଦିଏ, ସତର୍କିତ ବାହାଦୁରର
ହୁଇସିଲ ମିଳେଇଯାଏ ପବନରେ କେତେବେଳେ
ଜଣାପଡ଼େ ନାହିଁ-

କିଏ କାହାର ନିମନ୍ତ୍ରିତ ଅତିଥି ଏ ରାତିରେ
ସମସ୍ତେ ସମସ୍ତଙ୍କର।

ଟିଫିନ୍ ଡିବା ଖୋଲିଲେ ହିଁ ଅଜାଣତରେ ଭୋକ ଲାଗେ
ପତ୍ନୀଙ୍କ ହାତ ରନ୍ଧାରେ ସନ୍ଦେହ କଣ-
ନିଜ ମାର୍କା ସିଗାରେଟ୍ ପ୍ୟାକେଟ୍ ଖୋଲିଦେଲେ
କି ସନ୍ତୋଷ-କିନ୍ତୁ ପକେଟରେ ପଇସା ନ ଥିଲେ
କେତେଦିନ !

ଆମେ ଯାହା ତାହା ନହୁଁ
ଯାହା ନହୁଁ ଆମେ ତାହା-
ଏମିତି ସବୁକିଛି ଭିତରେ
ଫାଙ୍କି କିଏ ଦେଇପାରେ ନିଜକୁ
ଚିରି ଦେଇପାରେ ନିଜ ନୂଆ ପୋଷାକର
ଚିକ୍କଣ କପଡ଼ାକୁ ବ୍ଲେଡ଼ରେ, ଦର୍ପଣରେ
ନିଜ ମୁହଁ ଦେଖି ସନ୍ତୋଷ ନଆସେ କାହାର
ମୁଲାଏମ୍ ବାଳ ଭିତରେ ପାନିଆର ଢେଉ ଭାଙ୍ଗେ
ବାରମ୍ବାର-ସତେଜ ଗୋଲାପର
ପାଖୁଡ଼ା ପରି ମନେ ହେଉଥିବା ପ୍ରେମିକାର ମୁହଁରେ
ବୟସ ଫାଙ୍କି ଦେଲେ, କେତେ ଭଲ ଲାଗେ-
ବୋକା ମୂର୍ଖ ମଣିଷର ସମ୍ପର୍କର କଚେରୀଖାନାରେ
ଯେତେ ବିଚାରପତି ଦିନରାତି ବସିରହି ରାୟ ଦେଲେ ବି
ମଝିରେ କେତେବେଳେ ଚୁପ୍‌କିନା ଛୁଟିଦିନ ଆସିଯାଏ
ଆଉ କଥାର ଖିଅ ଅମାନିଆ ଘୁଡ଼ି ପରି
ଲମ୍ବିଯାଏ ଶୂନ୍ୟରେ-ପବନକୁ ଫାଙ୍କି ଦେଇ
ନାଚେ କେତେ, କେତେ ନାଚେ ଜାଣିଶୁଣି
ଫୁର୍‌କିନା ଥରେ ଛିଡ଼ିଗଲେ କାନି, ଆଉ ଧରିହୁଏନା
ସମ୍ପର୍କର ଫାଙ୍କା ଦିନମାନଙ୍କୁ ପୁନର୍ବାର-
ଫାଙ୍କି ଦେଉଥିବା ମଣିଷଟି ସଜବାଜ ହୋଇ
ଦରଜା ଖୋଲିଦେଲେ ଡାକୁଥିବା ଆଗନ୍ତୁକ ପାଇଁ
ଦମକାଏ ଶୀତୁଆ ପବନ ପଞ୍ଜରା ଥରାଇ ଦେବାଛଡ଼ା,
ଆଉ କିଛି ନଥାଏ, ଏକପାଦ ଆଗକୁ

ବଢ଼ିଲେ ଅନ୍ଧାର, ପଛକୁ ଗଲେ ବି ଅନ୍ଧାର-
ସକାଳ ହେଲେ ଦେଖାଯାଏ ମଣିଷଟିଏ ଦରଜାକୁ
ଆଉଜି ଠିଆ ହୋଇଥାଏ ଚୁପ୍ ଚୁପ୍
ଏବଂ ତାର ଚତୁର୍ଦ୍ଦିଗରେ ପିମ୍ପୁଡ଼ିଙ୍କ ଧାର
ଲମ୍ବିଥାଏ ଅବିଚଳିତ ସମୟର
ଅଚିହ୍ନା ଗୁମ୍ଫା ଭିତରକୁ ॥

ସଂସାରଃ ଗୃହସ୍ଥ

ସଂସାରଃ ପ୍ରତିଶୁକ ଯିଏ
ସିଏ ନୁହେଁ ଶୁକ ବା' ଅମୁକ ସନ୍ନ୍ୟାସ
ସଂସାର ସେ ଶୁକରୂପୀ
ସନ୍ନ୍ୟାସର ପରିତ୍ୟକ୍ତ
ସମୁଦ୍ର ମନ୍ଥନେ
ବିଷ-ଶଙ୍ଖ

ସଂସାର ଯେ
ଗର୍ଭର ହେମାଳ
ମୁକ୍ତିର ଉଷୁମ ସକାଳ
ଓ ବିପ୍ଳବର ଚରାଭୂଇଁ ପରେ
ଗୋଚରଙ୍କ ବ୍ୟାକୁଳ ସଂଶୟ
କେବେ ଯେ ସେ ଛଉନାଚ
ସବୁଜ ଘାସଙ୍କ କେଉଁଠାରେ
ଆରମ୍ଭ ବା ହେବ।

ପ୍ରତିଶୁକ
ତୁମେ ବ୍ୟାକୁଳ ବଞ୍ଚିବାର
ପ୍ରତିଶବ୍ଦ-କେତେ ନିଃସ୍ୱାର୍ଥପର
ସ୍ୱରମାନଙ୍କର ଅଗ୍ରଜ ବୋଲି ସିନା

ସାଇତି ନେଲ ସନ୍ୟାସର ପଛପାଦ ଚିହ୍ନ
ଦମ୍ଭ ତୁମ ପ୍ରଶସ୍ତ ଛାତିରେ
ନାଭିକେନ୍ଦ୍ରେ ଫୁଟାଇଲ
ରକ୍ତ ପଦ୍ମଫୁଲ।
ସେ ଛାତିରୁ ଯେଉଁ ପଦ୍ମନାଡ଼
ଅଙ୍କୁରିଲା ବ୍ରହ୍ମା କି ଗୃହସ୍ଥ
ସୃଷ୍ଟିର ତନ୍ଦ୍ରାୟିତ ମନ୍ତ୍ରମୁଗଧ
ଶୂନ୍ୟ ପାରାବାରେ-
ସାର୍ଥକତା କି ବ୍ୟର୍ଥତାର
ନିଜ ସ୍ୱର-ଗୃହସ୍ଥର ଗୃହ ॥

ଗୃହସ୍ଥ:

ନିଜର ପାପୁଲିରେ ସେ
ବେଶ ପ୍ରଶସ୍ତ ବ୍ରହ୍ମାଣ୍ଡ
ଅଙ୍ଗୁଳି ଛିଦ୍ରରେ ଟପ୍ ଟପ୍
ଖସିପଡୁଥିବା ସମୟକୁ
ଶୋଷିନେବା ଲାଗି ଲୋଭ ବା କାହାର ନାହିଁ!
ବ୍ରହ୍ମାଣ୍ଡ ବୋଇଲେ ତ ଟଳମଳ ବୋଇତର ଧାର
ଅତଳ ଜଳକୁ ଟଳିଗଲେ ଥରେ ଆସିଗଲା ମହାକାଳ
କିନ୍ତୁ ସେ ବଧିର ନୁହଁଇ ବୀର
ଜନ୍ମକୋଷ୍ଠୀ-ଲେଖନୀରେ
କି ସାହସେ ବାନ୍ଧିଦେଲି ନାଆ ମୋର
ଅପେକ୍ଷା କରି କରି ସେ ପଦ୍ମପୟର
ଉଦ୍ଧରିବା ଲାଗି ସଂସାରର
ବିଚିତ୍ର ବଜାରୁ କିଣି କିଣି
ଥକିଥିବା ବେଳେ ଅନେକ ହସ ଓ ଲୁହର
ଅଯୋଗ୍ୟ ପୁତ୍ର, ସ୍ୱାମୀ, ପିତା ହେବା ପରେ
ସର୍ବଶେଷ ଅପରାଧ

ଅଯୋଗ୍ୟତା ଜ୍ଞାନ ଆହରଣେ
ସବୁ ଭୁଲ ହୋଇଯିବା ମଧ୍ୟାହ୍ନରେ
ହେ ପଦ୍ମ ଶରଣଦ, ତୁମେ ତ ଆସିଲ ନାହିଁ
ଗୃହସ୍ଥର ଭଙ୍ଗାକାନ୍ଥ ପରି ନଉକାରେ
ପଦ ଦେବା ଲାଗି । ମୁଁ ବୀର କି
ମୁଁ କାପୁରୁଷ ସଂସାରୀ ସୈନିକ
ପରାଜିତ ମନମଧ୍ୟେ ଆଲୋଡ଼ନ ଭରି ॥

ଶୂନ୍ୟରେ ମୋ' ଦୁଇହାତ
ଝୁଲିରହେ ଓ ପଦ ଯୁଗଳ
କୁଶବିଦ୍ଧ ହୁଏ
କଣ୍ଟକିତ ମଧ୍ୟାହ୍ନର
ଛାଇଙ୍କ ମେଳରେ ।

ଖେଳ କି ସରେ କେବେ
ଗୃହସ୍ଥର ପ୍ରତିଶୁକ
ଅଜାଣତେ ବାର୍ଦ୍ଧକ୍ୟ ଆସିଲେ
ସନ୍ୟାସର ଗେଣ୍ଡୁମାଳ
ଗଳାରେ ଲମ୍ବାଇ
ହାଇମାରେ
ବାରମ୍ବାର
ଶୁକ-ସ୍ମୃତି ଆଖି ଲୁହେ
ଝରିପଡ଼େ
ଥର ଥର ହାତ ପାପୁଲିରେ ॥

■

ଉଦ୍ଭିଦ-ତତ୍ତ୍ୱ

॥ **ବୃକ୍ଷ** ॥
ସମୟ ହିଁ କେବଳ ଚିହ୍ନାଏ ସମୟକୁ
ଛଦ୍ମବେଶୀ ସନ୍ନ୍ୟାସୀ। ହାତରେ
ନାରୀ ଚପଳ ଫୁଲଙ୍କ ଋତୁଚକ୍ର।
ନାଭିରେ କୃଷ୍ଣ ଭଅଁରର ଗୁଞ୍ଜରଣ। କଟୀରେ
ଚିତ୍ରିତ ପ୍ରଜାପତିଙ୍କ ଜନ୍ମ ଲାଗି
ବସା ବାନ୍ଧିଥିବା ମୃତ ସାଁବାଳୁଆ ଦଳ।
ଦେହରେ ରତିମଗ୍ନ ଶ୍ମଶାନର ଚିତାଭସ୍ମ।
ପାଦତଳେ ଚିର ଶୋଷିତା ବସୁନ୍ଧରା।
ମଥାପରେ ଚିର ଚୈତନ୍ୟ ଆକାଶ ॥

ଚହଲା ସମୟ,
            ନହକା ସମୟ।
ସ୍ତ୍ରୀଙ୍କ ଆଖିପତା ଛାଇ ଧରୁଥିଲା ବେଳେ
ଛଦ୍ମବେଶୀ ସନ୍ନ୍ୟାସୀ ହେଲା ଆସି ଠିଆ
ଏରୁଣ୍ଡି ବନ୍ଧରେ,
ହାତରେ କବଚ ଧରି ॥

ବାନ୍ଧିଦିଅ ଦିଅ ବାନ୍ଧି ବାହାଉପରେ
ଏ ଅମୃତ
            ଫଳଦେବ, ପୁତ୍ର ଦେବ। ଶାନ୍ତି ଦେବ।

ଏ ଜନ୍ମକୁ କରିବ ସାର୍ଥକ।
ଗଲାଦିନ ନ ଆସିଲା।
ତଥାପି ରସିକ ଜେନା ଆଉଜି ବସି ରହିଥିଲେ
ପଲ ପଲ ବାଦୁଡ଼ି କେବଳ ଜାଲ ଦେହେ ଛନ୍ଦି ଯାଉଥିଲେ ॥

॥ **ଫୁଲ** ॥
ପ୍ରତିବିମ୍ବ ସକାଳର,
ପୂର୍ବ ସ୍ମୃତି ସନ୍ଧ୍ୟାର ଅନ୍ଧାରେ
ଶୂନ୍ୟଗର୍ଭା, ଗର୍ଭବତୀ ସମୟର
ଯିଏ ଆସି ଅନେକ ରଙ୍ଗରେ
ପତ୍ନୀଙ୍କ ବାହାପରେ ଆଙ୍କିଦେଲା
ଚିହ୍ନ ପରେ ଚିହ୍ନ। ନିଶ୍ଚିତ ପତ୍ନୀଙ୍କ ଆଖି
ଚହଲିଲା-ରକ୍ତ ହେଲା ରକ୍ତ ଜବା ଫୁଲ।

ତଥାପି ରସିକ ଜେନା ପଲପଲ ବାଦୁଡ଼ିଙ୍କୁ
ବଗିଚାକୁ ଡାକି ଆଣୁଥିଲେ !

ଗଲାଦିନ ନ ଆସିଲା। ବଗିଚାର ଡାଳେ ଡାଳେ
ତରଳିଲା ଫୁଲଙ୍କ ପାଖୁଡ଼ା-ଲାଲ ରକ୍ତ
ଜମାଟ ବାନ୍ଧିଲା ଓ
ଛୋଟ ଛୋଟ ସମୟର ହାତଗୋଡ଼
ଛାଟିପିଟି ହେଲା ॥

॥ **ଫଳ** ॥
ତେଜସ୍କ୍ରିୟ ବୋମାର ବିସ୍ଫୋରଣ
ଧୂଳି ଧୂସର ସନ୍ଧ୍ୟାର ଜଣାଣ ଥିଲା
ତଥାପି ଅନେକ ବାକି ସେଦିନ
ବନ୍ଦ ହେଲା ସଂକୀର୍ତ୍ତନ, ବନ୍ଦ ହେଲା ଅନ୍ଧାର ଆସିବାର
ଉନ୍ମୁକ୍ତ ଦରଜା। ସୂର୍ଯ୍ୟ ହେଲେ ସ୍ଥାଣୁ।

ଉଡୁଥିବା କୁଆ ସ୍ଥିର ହେଲା
ଆକାଶ ଭିତରେ ॥

ବିସ୍ଫୋରଣ। ବାଦୁଡ଼ିମାନେ ଫେରିଗଲେ, ଅଣଶ୍ୱାସୀ।
ବ୍ୟତିବ୍ୟସ୍ତ ରସିକ ଜେନା ହାତ ବଢ଼ାଇଲେ
ମଥାପରେ ଢ଼ଳ ଢ଼ଳ ଚପଳ ଆତକୁ!
ସ୍ତବ୍ଧ ସବୁ ବୃକ୍ଷ, ଫୁଲଙ୍କ ଦେହରୁ
ରସସବୁ ଶୁଖି ଯାଇଥିଲା ଓ
ତାଙ୍କ ହାତ ପାପୁଲିରେ ଆତଟି ଝଡ଼ି ପଡ଼ିଥିଲା।
ବିସ୍ଫୋରଣ। ରକ୍ତାକ୍ତ ହାତକୁ ଚାପିଧରି
ସେ' ଦୌଡୁଥିଲେ- ପଛରେ ତାଙ୍କର ବିସ୍ଫୋରଣ
ଓ କୋଳାହଳ- ଲାଲ ରକ୍ତ ପରି ରଙ୍ଗ
ସେ' ନିଆଁର, ସେ' ଧୂଆଁର।
ପତ୍ନୀଙ୍କ କାନ୍ଦ ବନ୍ଦ ହୋଇଥିଲା
କିନ୍ତୁ ସିଏ ହସୁଥିଲେ ଓ ସେ' ନିଜେ
ନିଆଁରେ ଜଳୁଥିଲେ
ଫୁଲ ଚିତ୍ରିତ ବାହାରେ ତାଙ୍କର ନଥିଲା
ସେ' ଫୁଲ!

॥ ତେର ॥

ଅଙ୍କୁରୋଦଗମ୍
ଅର୍ଥହିଁ ତ ଜନ୍ମ ନବୀନ ବୃକ୍ଷର
ପୁଣି ମୃତ୍ୟୁ
                ସ୍ଥବିର ବୀଜର।
ମଣିଷର ଜନ୍ମରୁ ମୃତ୍ୟୁ, ମୃତ୍ୟୁରୁ ଜନ୍ମ
ସମ୍ପର୍କରେ ସେତିକିତ ପ୍ରମାଣ ॥

ପୁତ୍ର ଶିରୋମଣିଙ୍କ ଲମ୍ବାକଲି, ବାଘ ନିଶ,
ଶିମୁଳି ଫୁଲିଆ ବାଳ, ବେକରେ ସୁନାଚେନ

କାନ୍ଧରେ ପାନମୁଣି, ଚିପାପେଣ୍ଟ ଅଥଚ
ଜେଜେବାପାଙ୍କ ଢିଲା ଜଙ୍ଘ-ଲମ୍ବା ସାର୍ଟର
ଅର୍ଥ କଣ ମୋର ମୃତ୍ୟୁ ଓ
ପୁତ୍ର-ରୂପୀ ପୁନର୍ଜନ୍ମ ପୂର୍ବପୁରୁଷଙ୍କର ॥

ପୂର୍ବପୁରୁଷଙ୍କ ପ୍ରତିମୂର୍ତ୍ତିରେ ବିସ୍ଫୋରଣ
ଧ୍ୱଂସର କଳକୀ ଲଗାମହୀନ-
ଭଲ ନ ଲାଗିଲେ ବି ଭଲ ପାଇବାକୁ ହେବ।
ଠାକୁରେ, ସମ୍ପତ୍ତି, ଏ କେଉଁ କାଳର
ଭିଟାମାଟି, ଗୁରୁଜନେ ଭକ୍ତି
ପାପପୁଣ୍ୟର ବିଚାର ଭିତରେ ମଣିଷ ବୁଢ଼ା ହେଲାତ
ବାର୍ଦ୍ଧକ୍ୟ କଣ ବୟସରେ ବଢ଼ିଥିବା
ବୃକ୍ଷର କଣ୍ଢେଇ ଭାଙ୍ଗିଦେଇ
ନିଆଁ ଲଗାଇଲେ ହୁ ହୁ ଜଳିଯିବ !

ସ୍ମୃତିରେ ନିଶ୍ୱାସ ନେଲେହିଁ ଜୀବନ-
ଭଗବାନ ସବୁନେଇ ସେତିକି ରଖନ୍ତୁ
ଧରିତ୍ରୀ ଶୁଖିଯାଉ ପଛେ
ଚେର ଅପେକ୍ଷା ରଖିବ ଜୀବନକୁ ପୁଣି ଥରେ
ରସସିକ୍ତ କରିବାର ଲାଗି।

ରସିକାନନ୍ଦ ନିଜ ଆସ୍ଥାନରୁ
ଉଠିପାରୁ ନ ଥିଲେ। ଯେମିତି ସେ'
ଅତିମାତ୍ରାରେ ଚେରୁଆ ହୋଇ ଯାଇଚନ୍ତି।
ଏମିତି ନିଜକୁ ଅବିଶ୍ୱାସ କରିବା
ମଣିଷର କି ବାର୍ଦ୍ଧକ୍ୟର ଧର୍ମ,
କିଏ ଜାଣେ ?

■

ମଧ୍ୟବୟସ୍କ

|| ୧ ||

ସବୁ ଦୃଶ୍ୟ ଅଦୃଶ୍ୟ ଏବେ
ସବୁ ଖାଲି ହଜି ଯାଉଥିଲା
          ଚହଲି ଯାଉଥିଲା
ଆଲୋକର ଛୋଟ ଛୋଟ ହାତର ପାପୁଲି
          ଚକ୍ ଚକ୍ ଆଖି ।
ଅନ୍ଧାରର ଦୃଶ୍ୟ ଏବେ ସନ୍ଦେହର
ଶଙ୍କାୟିତ ସମୟର ପୁଲକ ଦେହରେ ।
ପତ୍ନୀଙ୍କ ହସ କାନ୍ଦକାନ୍ଦ ଲାଗୁଥିଲା
ଆମ୍ବଫଳ ବିଷସର୍ପ ପରି ଦୋହଲିଲା
ପିଲାଙ୍କ କୋଳାହଳରୁ ମନେ ହେଉଥିଲା
ସେମାନେ ପ୍ରତିଟି ବିଷସର୍ପଙ୍କୁ
କଲବଲ କରି ଯେମିତି
ପତ୍ନୀଙ୍କ ଗଳାରେ ଜୋର୍‌କରି ବାନ୍ଧି ଦେଉଥିଲେ ।

ପତ୍ନୀ ମୋର ସତେ ବା' ନୀଳକଣ୍ଠୀ
ଭୟାର୍ତ୍ତ ପତ୍ନୀ ଅଥଚ ମୋ' ଉପରକୁ
ସେମାନଙ୍କୁ ଫିଙ୍ଗୁଥିଲେ ଗୋଟାପରେ ଗୋଟା ।
ଅସହ୍ୟ ଅନ୍ଧାର । ଲଣ୍ଠନର ବତୀ ଜଳୁଥିଲା ?
ଯେମିତି ଲିଭି ଆସୁଛି

ସବୁ ଆଲୋକଙ୍କ ଅକ୍ଷର

ବହିଥାକରେ ଉଇ, କଲମରେ ଶୁଖିଲା କାଳି
କାଗଜରେ ଓଦା ଓଦା ମୁହୂର୍ତ୍ତଙ୍କ ଭିତରେ
ସମସ୍ତ ଅକ୍ଷର ଚହଲି ଯାଉଥିଲେ-
କିଛି ନଥିଲା। ସବୁ ଦୃଶ୍ୟ ଅଦୃଶ୍ୟ ହୋଇ ଯାଉଥିଲା।
ବୃକ୍ଷର କୋରଡ଼ରେ ଖିନ୍‌ଭିନ୍ କରୁଥିଲା ବାୟାବସା
ଅନ୍ଧାରର ପାପିଷ୍ଠ ମାର୍ଜାର
ଓ ପିଲାଙ୍କ କ୍ଷିରି ପାତ୍ରରେ ମୁହଁଦେଇ
ନଷ୍ଟ କରୁଥିଲା ସେମାନଙ୍କ ଜୀଇଁବାର କାଳ।

ସବୁ ତ ନଷ୍ଟ ହୋଇ ଯାଉଥିଲା
ସବୁ ପୁଣି ଭାଙ୍ଗି ଯାଉଥିଲା-
କାଚପାତ୍ରଠାରୁ ଗହନ ମନର ଚପଳ ମଧ୍ୟାହ୍ନ
ସୂର୍ଯ୍ୟଠାରୁ କୋଳାହଳ ବଜାରର, କଲେଜର,
ଗୃହସ୍ୱାମୀର ପବିତ୍ର ଜୀବନ !

ହଠାତ୍ ଖାଲି ଶୁଖିଲା ଆତସବୁ ଝୁଲୁଥିଲେ
ରସହୀନ। ସଙ୍ଗୀତରୁ ଲିଭି ଯାଉଥିଲା ମୂର୍ଚ୍ଛନା
ଆଲୋକରୁ ଅନ୍ଧାରର ଅସଂଲଗ୍ନ ଭାଷା
ଚାରିଆଡ଼େ ଖେଳି ଯାଉଥିଲା।

ସବୁ ଦୃଶ୍ୟ ଅଦୃଶ୍ୟ ଏବେ ହୋଇ ଯାଉଥିଲା
ଆତ୍ମବିହ୍ୱଳ ନାୟକ ଆପଣେ ଅଣ୍ଡାଳୁଥିଲେ
ହଜିଗଲା ଚଷମା, ଯାହାର ଭାଷା ମରି ଯାଉଥିଲା
ସ୍ମୃତିରୁ ଚିହ୍ନିବା ଥିଲା ତାହାଙ୍କର ଏକମାତ୍ର ପନ୍ଥା
ଅନ୍ଧାର ବାରଣ୍ଡାରେ ପିଲାଙ୍କ କୋଳାହଳ
ପତ୍ନୀଙ୍କ କାନ୍ଦ କାନ୍ଦ ହସର ସ୍ୱର ଭିତରେ
ଏ ଚଷମା-ଖୋଜା
ମଧ୍ୟ ବୟସ୍କର ଜୀବନରେ ଥିଲା ଏକାନ୍ତ ନିଜର।

॥ ୨ ॥

କି କରିଛ ଏ ଘର ?
ଚିଡ଼ିଆଖାନା କି ଦସ୍ୟୁର ଶିବିର ?
ମଧ୍ୟବୟସ୍କ ଚିନ୍ତାକଲେ ପତ୍ନୀଙ୍କର ଏ କି
ପ୍ରଶ୍ନ ଆଜ, ନ ଥିଲାତ
କେବେ ଶୋଚନାର ମୁହୂର୍ତ୍ତ ମାତ୍ରକ !
ଗଛ ଥୁଣ୍ଟା ନହେଲେ ବି ଶୀତରେ ଠିଆହୁଏ
କାତର, ଯୋଡ଼ହସ୍ତ, ଶୁଣୁଥାଏ
ଫୁଲଙ୍କ ଅତ୍ୟନ୍ତ ବିକଳ ଚିତ୍ରିତ ଶରୀରର
ସମବେତ ସ୍ୱର ପତ୍ନୀଙ୍କ ସ୍ୱର ସହ ମିଶିଯାଏ ।
ମଧ୍ୟବୟସ୍କ ଚିନ୍ତାକରେ ମଝି ଦରିଆରେ ସେ
ଏକ ବଡ଼ ମାଛ ଚିଡ଼ିଆଖାନାର ଓ ବାସ୍ତବିକ
ଦସ୍ୟୁ ସିଏ ଚୋରାଇ ନେବାକୁ ସମସ୍ତ
ନୀଳ ଯୁବତୀଙ୍କ ପ୍ରବାଳ ଓ ଦେହ-
ହେଉ ବା' ଫସିଲ !

ସେ' ନୀଳ ଯୁବତୀଦଳ କାହିଁଗଲେ
ଅପନ୍ତରା ମଲ୍ଲିଫୁଲ ଫୁଟିଲେ ତ ମନେପଡ଼େ
କିପରିବା' ପତ୍ନୀଙ୍କ ହାତେ ଦିନେ ଥିଲା
ମଲ୍ଲିଫୁଲହାର ଓ ଅନ୍ୟାନ୍ୟ
ଯୁବତୀମାନେ ହସୁଥିଲେ କି ବିକଳ !

ଅଗ୍ନିକୁ ସାକ୍ଷୀରଖି ଯିଏ ମୋର ଯଉବନ ଘରେ
ଜଉମୁଦେ କୋଲପ ମାରିଲେ ସିଏ ଆଜି
ଚଷମାଫାଙ୍କରୁ ମୋତେ ଦେଖି
ପାହାଡ଼କୁ ମୁହଁମୋଡ଼ି ବୋହିଗଲା ନଈକୁ
ଅନାଇ ଦୀର୍ଘଶ୍ୱାସେ ପଞ୍ଜରା ଥରାନ୍ତି- !
ସନ୍ଦେହରେ ମୋ' ଟେବୁଲ ଉପରେ ଥରେ
ଆଖି ବିଚକ୍ଷଣ ରୀତିରେ ବୁଲାଇ ନିଅନ୍ତି

ଯେପରିକି ପୁଣି ମୁହିଁ କାହାର ପାଖକୁ
ପ୍ରେମପତ୍ର ସର୍ବଦା ଲେଖୁଛି !

ଏ ଘର ମୋ' ଜୀବନର ଅର୍ଦ୍ଧେକ ପ୍ରହର
ସାଉଁଟି ଭରିଛି ତେଣୁ ସ୍ମୃତିର ଭଣ୍ଡାର
ତାଳପୋଥି, ଶାମୁକା, ପ୍ରବାଳ, ରଙ୍ଗଚିତ୍ର,
ବିଜ୍ଞାନ-ସମୁଦ୍ର, କାକ୍‌ଟସ୍‌ ଓ
ଅନ୍ୟାନ୍ୟ କି ବିଚିତ୍ର କଣ୍ଟାଫୁଲ
ମଧ୍ୟବୟସ୍କ ଯିଏ ସିଏ ତ ବିଚିତ୍ର ଫୁଲ
ନା' ରଖିଛି ସାଇତି ସୁବାସ ନା' ପାଇଛି ଝରିଯାଇ
ପୁଣିଥରେ ଫୁଟିବାର ଅଦମ୍ୟ ଉତ୍ସାହ ॥

■

ଘର

କେତେ ଅଲଗା ଲାଗେ କଟକ ସହର
କେବେ ସିନା ଫୁଟୁଥିଲା ଧବଳ ଟଗର
ଏବେ ଖାଲି ମାଳମାଳ କୋଠାଘର
ପିଚୁ ରାସ୍ତା, ଫେସନ ବଜାର
କିନ୍ତୁ ନାହିଁ ମୋହ ପାଇଁ ସୂଚ୍ୟଗ୍ରେ ବସୁଧା ପାଦ ରଖିବାକୁ
ହତବାକ୍ ଦୁଇ ହାତ ମୋର ଶୂନ୍ୟରେ
ଝୁଲିରହେ, ଝୁଲିରହେ ହାତଗୋଡ଼ ବସ୍‌ର ଭିତରେ
କାମିଜ ଅଲଗା ହୁଏ ଦେହରୁ
ଝାଳ ବା' ନର୍ଦ୍ଦମା ଗନ୍ଧ ଠେଲାପେଲା
ରିକ୍‌ସା, ଟ୍ରେକର, ଟାଉନବସ୍, ସାଇକେଲ
ଭିତରେ ଜଣାପଡ଼େ ନାହିଁ-ଶୂନ୍ୟରେ ଝୁଲୁଥିବା
ଲଙ୍ଗଳା ମଣିଷକୁ ସୋଲ ଠିପିମାରି ବାନ୍ଧି ଦେଲାପରି
ରେ ସହର, କେତେକାଳ ଝୁଲି ରହିବ
ଏମିତି ଆଉ ଏ ଅବସ୍ଥାରେ !

ମାଳ ମାଳ ଘର ଆଉ
ଘରଚଟିଆର ଅଭାବ ନାହିଁ ତୋହଠାରେ,
ଭୋକ ପାଇଁ ଦାନା ମିଳିଗଲେ ହିଁ
ଫୁର୍‌କିନା ଉଡ଼ି ଯାଉଚି ବସା ଭିତରକୁ,
ମାତ୍ର ସୁଚ୍ୟଗ୍ରେ ବସୁଧା ମାଗି ଦେଲି ବୋଲି
କୁରୁକ୍ଷେତ୍ର ପ୍ରସ୍ତୁତ ମୋ' ପାଇଁ-ଏତେ ଦିନ ପରେ

ପୁତ୍ର ବାହୁଡ଼ି ଆସିଚି ବୋଲି ତୋର ସୁଖ ନାହିଁ
କି ତା' ପାଇଁ ଜାଗା ଟିକିଏ ନାହିଁ
ମାଇଲ ମାଇଲ ଲମ୍ବା ତୋହର ପୂଜା ବଜାରରେ !

ହେଇ ଦେଖ, ମୁଁ ଓହ୍ଲାଇଲି ବାଦାମବାଡ଼ିରେ
ହେଇ ଅନା, ମୋର ପ୍ରଥମ ପାଦ ପଡ଼ିଲା
ତୋହର ଧୂଳିପରେ-ମୁଁ ରିକ୍‌ସାକୁ
ସାରଥି କରି ଧାଇଁଲି ଧାଇଁଲି, ସୂର୍ଯ୍ୟକୁ
କାଖରେ ଚାପି, ଶ୍ରାବଣକୁ ରୁମାଲରେ ପୋଛି
ମୋ' ପଛରେ ଖାଲି ଧୂ ଧୂ ଧୂଳି ଆଉ ଧୂଳି
ଘିର୍ ଘିର୍ ରିକ୍‌ସା ଚକ ଗଡ଼ିଯାଏ
ଉଠ ବସ୍ ଅବସ୍ଥାରେ ମୋତେ ନେଇ
ମାଇଲ ମାଇଲ ବ୍ୟାପୀ ଶତ୍ରୁଙ୍କ ଛାଉଣୀ ଭିତରେ ।

କୋଠାଘର ଘର ଆଉ ଘର
ମାତ୍ର ହଠାତ୍ ପଛରୁ ନିରାଶାର ବିଗୁଲ୍
ବାଜିବା ପୂର୍ବରୁ କି ସୁନ୍ଦର ମନ ଭୁଲାଣିଆ
ସନ୍ଧ୍ୟା ନଇଁଆସେ କାଠଯୋଡ଼ି ପରେ
ମୁଁ ଫେରି ଆସେ ଏକାନ୍ତରେ
ମୋ' ନିଜ ଭିତରକୁ ବାରମ୍ବାର
ଏକ ପ୍ରକାର ଆତ୍ମବିସ୍ମୃତ ରାତିର
ନିଘଞ୍ଚ ଗଛର ଡାଳକୁ...
ଯେଉଁଠାରେ ମନେପଡ଼େ, ହଁ-

ହଠାତ୍ ମନେପଡ଼େ ଘର କଥା,
ସ୍ତ୍ରୀ ଛୁଆପିଲା ବନ୍ଧୁ ବାନ୍ଧବୀମାନଙ୍କୁ
ଯେ ମୁଁ ଏକ ଗୃହସ୍ଥ, ନୁହେଁ ତୋର ପ୍ରେମିକ-
ନିର୍ବିକାର ଡାକପିଅନ ଫିଙ୍ଗି ଦେଇଯାଏ ଯେମିତି
କାହାରି ଅସୁସ୍ଥତା ବା'ମୃତ୍ୟୁ ସମ୍ବାଦ ନେଇ

ଆସିଥିବା ଚିଠିମାନଙ୍କୁ ଦରଜା ବନ୍ଧରେ-
ଏଠାରେ ଘରମାନେ ନିର୍ବିକାର
ଯେ' ଯାହାର ସ୍ଥିତାବସ୍ଥା ଭିତରେ ବେଶ ସନ୍ତୁଷ୍ଟ
ସହକର୍ମୀ ପରି ଆଉଜି ରହିଛନ୍ତି-ଜଣେ
ଚହଲି ଗଲେ ଭୁଷୁଡ଼ି ପଡ଼ିବ ସହରର
ଫାଜିଲ ପ୍ରଜାପତିମାନଙ୍କ ଆଭିଜାତ୍ୟର
ଗନ୍ତାଘର। ଏତେ ଘର ଏତେ ଲୋକ
ଭିତରେ ମୁଁ ତ୍ରସ୍ତ ସମୟର
ସ୍ୱାକ୍ଷର ହୋଇ ନଥିବା ଫାଇଲ୍‌ଟିଏ
ଧୂଳି ଧୂସରିତ ଅବସ୍ଥାରେ ଅନ୍ଧାରରେ
ପଡ଼ି ରହେ- ଅପେକ୍ଷା ରଖି କାଳେ
ଆସନ୍ତାକାଲି ସକାଳ ହେଲେ ମୋ'
ହାକିମ ମୋତେ ଖୋଜିବେ।

ଘରଟିଏ ପାଇବାର ପ୍ରାର୍ଥନା ପଢ଼ିବେ ଓ
ଗୋଟିଏ ମାତ୍ର ଦସ୍ତଖତରେ ମୋ'
ମଣିଷ ପଣିଆକୁ ଜଉ ଉପରେ
ଅସହାୟ ବେଙ୍ଗରଜାକୁ କ୍ରୁଶବିଦ୍ଧ କରି
ପିଲେ କଇଁଚିରେ ଖିନ୍‌ଭିନ୍ କଲାପରି
ମୋତେ ଖଣ୍ଡ ଖଣ୍ଡ କରି ଯୋବ୍ରା ମୁହାଣରେ...
ଜଗିଥିବା ମାଛମାନଙ୍କ ମୁହଁକୁ ଫିଙ୍ଗିବେ
ନଚେତ୍ ବା' ପୁନର୍ବାର ଲାଲଫିତାରେ
କୁନି ଝିଅର ସୁନାବାଳ ବାନ୍ଧିଦେଇ ମା' ଚୁମା ଦେଲା ପରି
ମୋର ପ୍ରାର୍ଥନା ପତ୍ରକୁ ଅନ୍ୟ ଏକ
ଆସନ୍ତାକାଲି ପାଇଁ ଖାଲି ହେବାର
ଘର ପାଇଁ ସାଇତି ରଖିବେ ମୋର
ହାକିମ ବା' ଘରର ମାଲିକମାନେ
ଜାଣେ ନାହିଁ ?

ଯା' ହେଲେ ବି ଆସନ୍ତାକାଲି ପୁଣି ସୂର୍ଯ୍ୟ ଉଠିଲେ
ମୁଁ ପ୍ରସ୍ତୁତ ରହିବି, ମୁକାବିଲା ହେବ ହିଁ ହେବ
ଯୁଦ୍ଧ ପଡ଼ିଆରେ-ମୁଁ ନିଶ୍ଚିତ
ଘରଟିଏ ତୋହଠାରୁ ଛଡ଼ାଇ ନେଇ ପଳାଇବି
ଜାଣି ମଧ୍ୟ ମୋ' ପଛରେ ତୋର ଯୋଦ୍ଧାମାନେ
ତରବାରୀ ଧରି ଦଉଡ଼ିବେ ଓ ମୁଁ ହଠାତ୍ ଚାଲାକିରେ
ହୋଇଯିବି ସ୍ଥାଣୁ ପ୍ରତିମୂର୍ତ୍ତିଟିଏ ପଥରେ
ବାରବାଟୀ ଦୁର୍ଗ ମଧ୍ୟେ ପାଇବ ବୀରର
ପ୍ରଶଂସାପତ୍ର ପରି ଚିରକାଳ ପାଇଁ ।

ମୁଁ ଜାଣେ, କିଛିକାଳ ପରେ
ଅନେକ ଅର୍ଥ ବ୍ୟୟରେ ମୋତେ ନିଆଯିବ
ଶୋଭାଯାତ୍ରା କରି ସରକାରୀ ଚିଡ଼ିଆଖାନାର
ପ୍ରବେଶ ଦ୍ୱାରକୁ, ମୋ ଗଳାରେ ଫୁଲମାଳ
ମୋ' କପାଳେ କୁଙ୍କୁମର ଛିଟା
ମୋ' ନାମରେ ଜିନ୍ଦାବାଦ
ଭାଷଣରେ ଅନେକ ପ୍ରଶଂସା:
ଘରଖୋଜା କୁରୁକ୍ଷେତ୍ରେ ପାଇକ ବୀରର ଚରମ ବ୍ୟର୍ଥତା
ନୁହେଁ ସେ ସାଧାରଣ ପୁରୁଷ ଧିବର
ଜୀବନର ସନ୍ଧାନରେ ବୀର-ରୂପୀ ବିଜ୍ଞାନୀ କୈବର୍ତ୍ତ ।

■

ମଧ୍ୟବୟସ୍କର କୋଣାର୍କ

ସୂର୍ଯ୍ୟୋଦୟ ପରେ ହିଁ ଭଲ ଲାଗେ
କୋଣାର୍କ ଦର୍ଶନ । ମଧ୍ୟବୟସ୍କ
ଭୁଲିଯାଏ ଖରାବେଳର ହତାବାକ୍
ଖଣ୍ଡା ପଥର ଚଟାଣରେ
ଚୂନ ଚୂନ ହୋଇ ଭାଙ୍ଗିଯାଏ କେମିତି
ଅଭିସାରିକାର ନିତମ୍ବରେ ବା'
ନିଜ ରୂପ ଦର୍ପଣରେ ପରାଜିତ
ନାୟିକାର ସ୍ତନ ଯୁଗଳରେ

ଘରକଥା ମନେ ପଡ଼ିଗଲେ ଅତୁଆ-
ସମୁଦ୍ରକୂଳରୁ ଉଡ଼ି ଆସୁଥିବା ଚଢ଼େଇ
ହତାଶ ନୁହେଁ-ଅସହାୟ ନର୍ତ୍ତକୀର
ଚିବୁକରେ ନିଜର ଭିଜା ଚଞ୍ଚୁରେ
ଆଙ୍କି ଦେଉଛି ଚୁମ୍ବନ ପରେ ଚୁମ୍ବନ-
ଘରେ ସ୍ତ୍ରୀ ଖାଇ ନଥିବେ ବା' ପିଲାମାନେ
ଅପେକ୍ଷା କରିଥିବେ, ବାପା ଫେରିଲେ'
କୋଣାର୍କ ଉପରେ କେତେ ଗପ କହିବେ-

ଏଠି ସଂସାରର କୁରୁକ୍ଷେତ୍ର ନାହିଁ,
ଏଠି କେବଳ ପ୍ରେମ, ପ୍ରୀତିର ସ୍ୱାଧୀନତା
ପୁଣ୍ୟର ମୃଦଙ୍ଗରେ ବାଜୁଥିବା ଚିରନ୍ତନ

ତାଳରେ ନର୍ତ୍ତକୀର ଚଳ ଚଞ୍ଚଳ
ରୂପର ଖାଣ୍ଡବ ବନରେ ଅଶେଷ ଭାବପ୍ରବଣତା
ଜୀବନକୁ ଆଲୋଡ଼ିତ କରେ, ମାତାଲ କରେ।

ଘରେ ଅଥଚ ମଶାରୀ ଭିତରେ ସ୍ତ୍ରୀଙ୍କର
ଅଧା ରାଗ, ଅଧା ଅଭିମାନ, ଅଧା ପ୍ରେମ, ଅଧା ଘୃଣାର
ସଙ୍କୁଚିତ ପୃଥିବୀ ଫାଙ୍କରେ ଜୀବନ
କେମିତି ବୀତସ୍ପୃହ ॥

ମଧ୍ୟବୟସ୍କର ବିଚାର ସଂସାରଠାରୁ
ଦୂରରେ କୋଣାର୍କର ନିଭୃତ ପ୍ରେମରେ ପଡ଼ିବା
କଣ ସନ୍ୟାସ ନୁହେଁ, ଚିର
ହାସ୍ୟମୟୀ ପାଷାଣୀ କନ୍ୟାର
ଚିର ଯୌବନ ହିଁ ଈଶ୍ୱର ସୃଷ୍ଟିର
ଏକମାତ୍ର ପ୍ରତିଛବି।

ଅଥଚ ପେଁକାଳି ପରି ବାରମ୍ବାର
ସ୍ୱର ବଦଳୁଥିବା ମଧ୍ୟବୟସ୍କ ଜଣେ ମଣିଷ,
ଦାର୍ଶନିକ, ସେ ଜନ୍ମ ମୃତ୍ୟୁ ସମ୍ପର୍କରେ
ଗବେଷଣା କରନ୍ତି ॥

■

ସାପ

ଏକ କ୍ଷୁର୍ଣ୍ଣ ପଥିକ।
ଯାହାର ଏକ ଚୁମ୍ବନ
ବିଷାକ୍ତ ଓ ଉତ୍ତେଜିତ।
ସେ ଶୋଇ ପଡ଼ିଥିଲା
କେମିତି କ୍ଳାନ୍ତ, ଅବା
ଶତ୍ରୁର ଇଙ୍ଗିତରେ ଆହତ
ଏକ ମୃତ ସୈନିକର
କାହାଣୀ ହୋଇ ॥

ବାଘ

ଅନ୍ଧାର !
ଚାରିଆଡ଼େ ଚରି ବୁଲୁଥିଲା ମଣିଷର ଗନ୍ଧ ।
ସେତେବେଳେ ଥିରି ଥିରି ଆଉଁସି ଦେଲା
ମାୟାବିନୀ ଅରଣ୍ୟ ଭୂଇଁର ସେ' ଏକ ପ୍ରାଣ
ଅନ୍ଧାରକୁ, ଆଉ ସେ' ଗନ୍ଧକୁ ॥

ସ୍ୱପ୍ନରେ ମୃତ ଶିକାରର ରକ୍ତାକ୍ତ ମଉଛବ
କଥାଦେଇ ଅତିଥିସବୁ କେହି ଆସିନାହାନ୍ତି
କେବଳ ଅପେକ୍ଷା...

ଏକ ନିରୁଦ୍ଦିଷ୍ଟ ମୁହୂର୍ତ୍ତକୁ ଲାଳୁଆ କରି
ହଜମ କରିବାର ଆହ୍ଲାଦ ।
ବାହାରେ, ଅନ୍ଧାର, ଅରଣ୍ୟ ।
ପାହୁଲେ ମହୁଲରୁ ଗଭୀର ରାତିର ନିଶାରେ
ତୁମେ ଯେତେ ନିସ୍ୱ, ସେତେ ସ୍ୱାର୍ଥପର ॥

ପାହାଡ଼

ପାହାଡ଼ର ଆଭିଜାତ୍ୟ ମନ୍ଦ ନୁହେଁ
ଇନ୍ଦ୍ରଜାଲ ବୁଣିଦେଇ ଦୃଷ୍ଟିର ସୀମାରେ
ଓଠରେ ସେ ଛୁଇଁପାରେ ଆକାଶର ଛାତି
ଓ ପାଦ ତାର ଯାଇପାରେ ପାତାଳ ପର୍ଯ୍ୟନ୍ତ।

ପାହାଡ଼ର ଅହଙ୍କାର ମନ୍ଦ ନୁହେଁ
ଆଷାଢ଼ର ବଜାରରୁ ବାଛି ବାଛି
କିଣି ନିଏ ସୁନାର କିଙ୍କିଣୀପରି
ବିଜୁଳୀର ଦେହ ଓ ହସିଉଠେ
ବଜ୍ରସୁରେ ମେଦିନୀ କମ୍ପାଇ।

ତେଣୁ କି ମହାରୁଦ୍ର ବୈଶାଖର ଶାପେ
ତୁମେ ହୁଅ ପଙ୍ଗୁ ଏକ ଜଟାୟୁର ପକ୍ଷ
ଅବା କେଉଁ ମହାମୂନୀ ତପ ଭଗ୍ନ ପରେ
ଜର୍ଜରିତ ପ୍ରଳୟର ପାଇଁ
ଉର୍ଦ୍ଧ୍ୱମୁଖେ ଗ୍ରାସିବାକୁ ଅଗ୍ନିର ବଳୟ।

■

ଘଣ୍ଟା ପିଟୁଥିବା ପିଲାଟି

ଠାକୁରେ ! ତୁମ ଥାଳ ବଢ଼ିଲେ ହିଁ
କେତେ ଭୋକିଲା ପେଟର ନିଆଁ ଲିଭିଯାଏ ଆପଣା ଛାଏଁ
ଘଣ୍ଟା ପିଟୁଥିବା ପିଲାଟି
କି କାତର ଏକାଗ୍ରତାରେ ବାଡ଼େଇ ଯାଉଚି
ତାଳ ପରେ ତାଳ, ଅନ୍ୟମନସ୍କ ଚାହାଣୀରେ
ଅପେକ୍ଷା ତୁମ ବନ୍ଦ ମଣୋହି ଦରଜାକୁ,
କେତେବେଳେ ଯେ ଖୋଲିବ ସେ ଦରଜା
ସୁବାସିତ ବିମୋହିତ ବାସ୍ନାରେ ଭରିଯିବ ଚତୁର୍ଦ୍ଦିଗ
ସମସ୍ତେ ଅପେକ୍ଷାରେ, ଠାକୁରେ ସମସ୍ତେ !
ପ୍ରତୀକ୍ଷାଠାରୁ ବଡ଼ କ୍ଷୁଧା କଣ
ଜୀବନର ଚଉପଦିରେ-ଆଉଟି ହେଉଥିବା
ସଞ୍ଜର ଅନ୍ଧାରରେ ଚରି ଯାଉଚି ତୁମ
ମଣୋହି ଥାଳର ସୁବାସ ଯେତେବେଳେ
ଭୋକିଲା ମଣିଷ ଦଉଡୁଚନ୍ତି ତୁମ ଚଉବାହାକୁ ॥

ଘଣ୍ଟା ପିଟିବାରେ ଲାଗିଥିବା ପିଲାଟି
ମନ୍ଦିରର ଚଟାଣରେ ଲୋଟି ପଡୁଥିବା
ଭକ୍ତଟିର ଅସ୍ତବ୍ୟସ୍ତ ଶରୀରର କ୍ଷୁଧାକୁ ମାପୁଥାଏ
ନିର୍ବାଚନ ଜିତାପଟ, ଚାକିରିରେ ପ୍ରମୋଶନ୍
ପ୍ରେମରେ ବିଜୟ, ପରୀକ୍ଷାରେ ପାଶ୍ କରିଗଲେ ହିଁ
ବାଣିଜ୍ୟ ପସରା ମେଲିଯିବ ଜୀବନର ସାଧବ ବଜାରରେ

ତା'ଠୁ ବଡ଼ କ୍ଷୁଧା କଣ ଥାଏ ମୁଣିଏ ଟଙ୍କା ଫିଙ୍ଗିଦେଲେ ହିଁ
ମନ୍ଦିର ଗଢ଼ାହୁଏ, ସୁନାଥାଳରେ ଦିଅଙ୍କ ପାଇଁ
ସୁବାସିତ ଅନ୍ନର ଭୁରି ଭୋଜନ ହୁଏ
ଅଥଚ ମଣିଷ କୋଟି କୋଟି ଭୋକ ପାଇଁ
କଣିକାଏ ବଗଡ଼ା ଅନ୍ନରୁ କିଏ ଫିଙ୍ଗିଦେଲେ
କୁକୁରର ପଲ ମାଡ଼ି ଆସନ୍ତି, ମଣିଷକୁ ଖଣ୍ଡିଆ ଖାବରା କରି
ଚାଟି ପକାନ୍ତି ସବୁକିଛି, ଏପରିକି କିଞ୍ଚିତ୍
ରାସ୍ତାର ଧୂଳିକୁ ମଧ୍ୟ ॥

ଘଣ୍ଟା ପିଟୁଥିବା ପିଲାଟି ଗୋଟିଏ ମୁଦ୍ରାରେ
ପିଟି ଯାଉଚି ଘଣ୍ଟାକୁ ଆଉ ତା ମଥା ଉପରେ
ଅନ୍ଧାରରୁ ଉଡ଼ିଆସି, ଫେରି ଯାଉଚି
ଚେମଣିଆଟିଏ, ସେ ଜାଣିପାରୁ ନାହିଁ କେମିତି କେତେବେଳେ !

■

ଅଧ୍ୟାପକ

ଚଷମାର ରୂପା ଆଖି
ଗ୍ରନ୍ଥାଗାରର ତିରିଶ ବର୍ଷ ତଳେ
କିଣା ବହି ପରେ ଅଝଡ଼ା ଧୂଳି
ଏ ସମାଜର ଦୁର୍ବଳ ଅଙ୍ଗୁଳି ପରେ
ଆଦର୍ଶର ସ୍ଥାଣୁ ପ୍ରତିମୂର୍ତ୍ତି !

ଦରିଦ୍ରତାର ପଞ୍ଜୁରୀରେ ନିକ୍ଷେପିତ
ଏକ ଆକସ୍ମିକ ଅଭିଭାଷଣର
ଅପଭ୍ରଂଶ । କେହି ଜାଣିନାହାନ୍ତି
ପଚାରି ନାହାନ୍ତି ଜ୍ଞାନର
ମୂଲ ଦେଇହୁଏ କେବେ କେଉଁଠାରେ ।

ଆପଣତ ଭଂଗା ସାଇକେଲ୍ ବା'
ମାସର ପ୍ରଥମ ଦିନରେ ହୋରିଖେଳ
ଅଥଚ ସମ୍ବଳ ବୋଲି ଆପଣାର
ପ୍ରିୟ ଯୁବକ ବନ୍ଧୁଙ୍କ ଆଖିରେ
ମୁକ୍ତ ଅଭିଶାପ ଆପଣ
କି ଅହଙ୍କାର ନେଇ ଜୋର୍ କରି
ସେମାନଙ୍କୁ କରୁଚନ୍ତି ଶିକ୍ଷିତ ବେକାର !

ଆପଣ ବସନ୍ତର ସାରଥି
ଓ ନିଜେ ଶୀତ ହୋଇ
ଝଡ଼ିଯିବାର ବିକଟାଳ ନୀରବତା !

■

ହେଡ୍‌ମାଷ୍ଟ୍ରେ

(ପୂଜ୍ୟାସ୍ପଦ ଦୈତାରି ବାରିକଙ୍କୁ...)

ହାତବାଡ଼ି କଥାକହେ
          ମଚ୍ ମଚ୍ ଯୋତାର ସାଥିରେ
ନୂଆ ଯୋତା ନୂଆ ହାତାବାଡ଼ି
          କିଣାବେଳେ ମନେପଡ଼େ-
          କେତେଦିନ
          କେତେ ରାସ୍ତା
          ଏମାନଙ୍କ କାଳ ଆଉ ସତେ !
ଭଙ୍ଗା ଚେୟାର ପରେ ହେଡ୍‌ମାଷ୍ଟ୍ରେ,
ବିଚଳିତ ମୁହୂର୍ତ୍ତଙ୍କ
ସ୍ଥିର ଚିତ୍ର ତାଙ୍କର ଆଖିରେ ।

ସ୍ଥିତ-ପ୍ରଜ୍ଞ । ଆକସ୍ମିକ ମୃତ୍ୟୁର ସମ୍ବାଦ
ବନ୍ଧୁଙ୍କର-ବିଦେଶରେ ପୁତ୍ରଙ୍କର ସ୍ୱାସ୍ଥ୍ୟହାନି,
ବଜାରରେ ଇଲିସିର ଚଢ଼ାଦର ଓ
ବୁନିଆଦି ଘର ଭାଂଗି ଯାଉଥିବା ବେଳେ
ପତ୍ନୀଙ୍କ ବାର୍ଦ୍ଧକ୍ୟ ଆଗରେ
କାକୁସ୍ଥ ବିଲେଇ ପରି
ସେ' ଖୋଜନ୍ତି ମୃତ୍ୟୁପରେ ପୁଣି ଜୀଇଁଥିବା
ଟିକି ମୂଷା ଛୁଆ
ଯିଏ ସବୁ ଟିକି ଟିକି କରି
ପାଟ ଲୁଗା, ଇସ୍ତ୍ରୀ ସାର୍ଟ
ବହିପତ୍ର-ସମସ୍ତଙ୍କୁ ନଷ୍ଟ କରୁଅଛି ମୁହୂର୍ତ୍ତ ମୁହୂର୍ତ୍ତ
କେଉଁ ଜନ୍ତା ତାକୁ ଅବା ବନ୍ଦୀ କରିପାରେ !

ପୁରୁଣା ଗୋଲାପ ଗଛ ଥୁଣ୍ଟା ହେଲେ
ସୁନା-ଚମ୍ପାଗଛ କେନ୍ଦୁକାଠପରି ଝାଉଁଳିଲେ

ହେଡ୍‌ମାଷ୍ଟ୍ରେଙ୍କ କଳା ଓଠ ତଳେ ଝୁଲି ରହେ
ଅର୍ଦ୍ଧ ଦଗ୍ଧ ଚେତନାର
ବିଡ଼ି ଖଣ୍ଡଟିଏ ।

କରୁଣାର ବଟଗଛ ଏ ବାରଣ୍ଡା
ନିଶୂନ ଏକେଲା ବେଳେ ଚିର ସହଚର ।
ଦୀର୍ଘଦିନ ଜ୍ଞାନ ଚର୍ଚ୍ଚା
ସଂସାର ଯାତରା
ବନ୍ଧୁଙ୍କ ମେଳରେ
ଯାଇଥିବା ଆସୁଥିବା ସମୟକୁ ନିରେଖି ନିରେଖି
କେବଳ ଗୁଡ଼ାଏ ଜନ୍ମ ଓ ମୃତ୍ୟୁର ସାଥୀ
ମଣିଷଙ୍କ ସୃଷ୍ଟି ହୋଇଅଛି ।

ସମସ୍ତେ କେବଳ ଆସିଚନ୍ତି
ପଣ୍ଡିତ ବୋଲାଇ ଭୁଲି ଯାଇଛନ୍ତି ।
ବାରଣ୍ଡାର କୋଳାହଳ ଲିଭି ଯାଇଅଛି
ଆଖିର ଉଜ୍ଜ୍ୱଳ ଡୋଳା କୁହୁଡ଼ିଆ ହୋଇ ମରି ଆସୁଅଛି ।
ଅନ୍ଧାରର ପୋକ ସବୁ ଚଷମାରେ ଭିଡ଼ କରିଛନ୍ତି,
ସବୁ ଯେବେ ଅନ୍ଧାର ଦିଶିବ
ନ ଥିବତ ସୁନା ଚମ୍ପାଗଛ
ନ ଥିବତ ଥୁଣ୍ଟା ଗୋଲାପ
ନୂଆ ଯୋତା ମଚ୍ ମଚ୍ କରୁଥିବ
ନିସ୍ତବ୍ଧ ବାରଣ୍ଡାରେ ପ୍ରତିଧ୍ୱନି ହୋଇ ॥

ହେଡ୍‌ମାଷ୍ଟ୍ରେ ! ଅତୀତର କଙ୍କାଳରେ
କରୁଣତାର ଚମ ଧରି
ବର୍ତ୍ତମାନର ନିଃସ୍ୱ କାଚ କଣ୍ଢେଇ ॥

■

ବଧିର ଦାସ

ଶବ୍ଦମାନଙ୍କର ଯନ୍ତ୍ରଣା ନଥିଲା ସେଠାରେ
କେବଳ ଦିନର ଆଲୋକ ଦିଶୁଥିଲା
ଦିକ୍ ଦିକ୍ ଜଳୁଥିବା ଲଣ୍ଠନ ବତୀଟିଏ
ହେଇ ଲିଭିଯିବ, ଏ ଲିଭିଯିବାର ଭିତରେ
ସମସ୍ତ ଶବ୍ଦମାନେ ସଙ୍କୁଚିତ ଶାମୁକାର
ସ୍ଥାଣୁ ପ୍ରତିମୂର୍ତ୍ତି- ବଧିର ଦାସ !
ବଧିର ସେ- କେବଳ ସମ୍ବଳ ବୋଲି
ମଳିମକଚି ସଫା କରିବାକୁ ଅଶି ବରଷିଆ
ପାଉଁଶିଆ ଆଖି ଦୁଇଟି !

ଡାକ୍ତରଖାନା । ସମୟ ଦୁଇଟା ଅଣତିରିଶ ।
ଶଯ୍ୟା ନମ୍ବର ଏକା ପରିଧାନ ଗେରୁଆ ।
ସଂସାର- ଛଡ଼ା ପ୍ରାଣୀଟିଏ ।
ତଥାପି ଲୋଭଅଛି ଏ ଜୀବଧନକୁ, ଆଉ
ଘଟରେ କେଳି କରୁଥିବା ହଂସଟିକୁ
ଆହା ଆଉଁସି ଦେବାକୁ !

ସ୍ଥାଣୁ ଶବ୍ଦମାନେ ସମୟକୁ ଚେତାବନୀ ।
କିସ ଯାଏ ସମୟ ଚହଲୁଚି କି ନା' ବୁଝିବାକୁ
କିସ ଯାଏ ସମୟ କହୁଛି କଣ ଶୁଣିବାକୁ
ଶବ୍ଦମାନଙ୍କର ବରଫାକୃତି ତରଙ୍ଗମାନେ
ତରଳିବାକୁ ଦିନର ଉତ୍ତାପ ନୁହେଁ ଯେ ଯଥେଷ୍ଟ ।
ଶବ୍ଦମାନେ ଯେହେତୁ ପାଗଳ ପରି ପରସ୍ପର
ଆଲିଙ୍ଗନେ ଚୁକ୍ତିବଦ୍ଧ ପ୍ରେମିକ ପ୍ରବର
ଅସମ୍ଭବ ଚିହ୍ନିବାକୁ ଭିନ୍ନ ଜାତି ଶବ୍ଦମାନଙ୍କର ।

ଶଯ୍ୟା ନମ୍ବର ଦୁଇ। କିଛି ଅଘଟଣ
ଘଟିବାର ଶବମାନେ କାନ୍ଦୁଥିଲେ-ଆଖିତ
ପାରେନା ଶୁଣି- ଆଖି ଖୋଲି ଦେଖେ-
କି ଅଦ୍ଭୁତ ଭେଣ୍ଡିଆ ଟୋକାଟି ଘୋଡ଼ିଘାଡ଼ି
ନିଘୋଡ଼ ନିଦରେ ଶୋଇ ଯେ ପଡ଼ିଛି-
ଚତୁର୍ଦ୍ଦିଗେ ପାକୁ ପାକୁ ମଣିଷଙ୍କ ପାଟି
ମେଲା ହୋଇ ବନ୍ଦ ହୋଇ ଯାଉଛି କେମିତି-
କିଛି ଶୁଣାଯାଏ ନାହିଁ-ମୁଗ୍ଧ ପ୍ରେତାତ୍ମାଙ୍କ ପରି
ସେମାନେ ନାଚନ୍ତି କେବଳ- ସେମାନେ ଯେ'
ଝଡ଼ରେ ନଇଁ ଯାଉଥିବା ଗଛପରି
ଭାଙ୍ଗି ପଡୁଥିଲେ-ବାଳ ଟାଣି, ହାତ ଛାଟି
ଝାଟିପରେ ପିଟି ପିଟି ଭୂଇଁପରେ
ଲୋଟି ପଡୁଥିଲେ। ଅଥଚ କର୍ମବୀର ସାଜି
ଏ ବୟସରେ ଜରାଗ୍ରସ୍ତ ମୋହମାନଙ୍କୁ
ଆଉଁସି ଆଉଁସି ମନ୍ତ୍ରୀଙ୍କ ଦପ୍ତରରୁ ଚିଠିଧରି
ଏକ ନମ୍ବର ରୋଗୀ ହୋଇ ତାଗିଦ କରୁଛି।

ହାଃ, କାନ୍ଦିବାରେ କିସ ଯାଏ ବର୍ଷାଋତୁ ଦିନ ଓ ମୁହୂର୍ତ୍ତ
କାନ୍ଦିବାରେ କିସ କେବେ ଶୋଇଲା ପୁଅକି ଉଠେ
ବିଛଣାରୁ-କାନ୍ଦିଲେ କି ମୃତ ଶବମାନେ
ପୁଣି ଥରେ ଜୀବନ ପାଆନ୍ତି-ଆଶ୍ଚର୍ଯ୍ୟ
ସହଚର ଗଣ ! ନ କାନ୍ଦି ଏବେ ଆଉ
ତୁମେମାନେ ଗୀତ ଗାଅ, ମୃଦଙ୍ଗରେ ତ୍ରିତାଳ ପକାଇ
ଯଦି ସେ' ଶୋଇଚି ଶୁଭ, କ୍ଷତି ନାହିଁ, ଶୁଆଇ
ଦେବାରେ ଏତେ ଆପତ୍ତି କାହିଁକି !

ଡାକ୍ତରଙ୍କ ପ୍ରବେଶ ଓ ପ୍ରସ୍ଥାନ ଏବଂ
ତାଙ୍କ ସହ ଅମ୍ଲଜାନ ରକ୍ଷୀ, ଇଞ୍ଜେକ୍‌ସନ,
ଟେବ୍‌ଲେଟ୍‌, ଦାନ୍ତକାଠି, କମଳାଲେମ୍ବୁ,

ପାଣି ବୋତଲ, ପାଉଁରୁଟି, ଲୁଗାପଟା,
ବିଛଣା ଚାଦର ଏବଂ ସେମାନଙ୍କର ପଛେ ପଛେ
ନିରାଶରେ ଧାଉଁଥିଲା ପଲେ ଅଝଟ ମାଛି-
ଶେଷରେ କି ସୋହାଗରେ ଟୋକାର ମନ
ନେବାଲାଗି କିଣାଯାଇଥିବା ନୂଆ ଚଟିହଳ
ସମୟକୁ ଘୋଷାରି ନେଲାପରି ଅମାନିଆ।
ଏବେ ଭିଡ଼। ଚାରିକଡ଼େ କାକୁସ୍ଥ
ଦଳ ଦଳ ମଣିଷଙ୍କ ବିଲେଇ ଆଖି
ଅନ୍ଧାରିଆ ମୂଷାଟି ଲାଗି ଅପେକ୍ଷାରତ !

ସେ' କାହିଁକି ଯେ ଧରାଦେବ ?
ସେ' ନିଶ୍ଚିନ୍ତରେ ସୂତାକାଟି ଘୁଡ଼ି ଉଡ଼ାଇ ଦେଇଛି।
ଶୂନ୍ୟ ପବନର ଇଲାକାରେ ଉଡୁଥିବା ସୂତା ସବୁଙ୍କୁ
ଧରିବାକୁ ଅଛି ସାଧରେ କାହାରି ?
ବଧିର ଦାସ ପାପୁଲିରେ ଦଳି ମକଚି ସରଳ କରିଥିବା
ପାନ ଖିଲକୁ ଦନ୍ତହୀନ ଆଁ ପାଟି ଭିତରକୁ
ନିକ୍ଷେପ କରି ପାଚିଲାବାଲକୁ ସାଉଁଟି ସାଉଁଟି
ଅଜାନୁଲମ୍ବି ଶୋଇ ପଡ଼ିବାକୁ ଚେଷ୍ଟାକଲେ।

ଭାବୁଥିଲେ ବେଖାତିର ବଧିର ଦାସ-
ଚାଲିଯିବାକୁ ଡର ନାହିଁ ଯେ
ଯିବାପରେ କିଏ ଅଛି ଏମିତି
କାନ୍ଦିବାକୁ, ଝୁରିବାକୁ
ଆଉଁସିଦେବାକୁ ସୋହାଗରେ ଥରେ
ହଃ, ମୋ' ପରି ବଧିର ବୀରଟି ଲାଗି
କେହି କାନ୍ଦିଲେ ବି
କିଏ ମୋର ଶୁଣିପାରେ ବୁଝିପାରେ କାନ୍ଦିବାର
ଅସ୍ଥିର ଶବ୍ଦମାନଙ୍କର ଉଚ୍ଚାଟ ପଣକୁ !

■

ଅନ୍ଧ ବିଗର୍ତ୍ତି

ଥାଆନ୍ତା ଯଦି ମୋର ଦୁଇଟି ଆଖି
ଦେଖନ୍ତି ସମୟର ଉଡ଼ନ୍ତା ପକ୍ଷୀ,
ନାହିଁ ବୋଲି ସିନା, ଏକା ମୁହିଁ
ପଥର ଭିକାରୀ-କେନ୍ଦରାରୁ ଖାଲି
ଭୁଲ ସ୍ୱର, ସବୁ ଭୁଲ୍ ଅକ୍ଷରଙ୍କୁ
ନ ଚିହ୍ନିବି ଚିହ୍ନିଲା କରିଛି।
ନାହିଁ ବୋଲି ସିନା, ପତ୍ନୀଙ୍କ ମୁହଁ
ନ ଦେଖିଛି କେବେ, ଆଉଁସି ଜାଣିଛି
ଆଖିପତା, ଓଠଧାର, ଢ଼ଳ ଢ଼ଳ ସୁନୀଳ
ଦୁଇଟି ଆଖିକୁ, ଲମ୍ବନାକ, ଆଉ
କପାଳରେ ସିନ୍ଦୂରର ଛବି ?

> କିଏ ଜାଣେ-ଏ ସମସ୍ତେ ଠିକ୍ କିମ୍ବା
> ଭୁଲର ସମ୍ପତ୍ତି। ହୋଇପାରେ
> ଯାହାକିଛି ମୁହିଁ ଜାଣିଅଛି,
> ପତ୍ନୀଙ୍କ ବଳିଷ୍ଠ ଅଙ୍ଗେ ଅଶେଷ ବସନ୍ତ
> ଘର କରିଅଛି ବୋଲି ତାହାଙ୍କର
> ଏତେ ଶିହରଣ, ଶିରିଶିରି ସକାଳୁଆ ପବନ ଯେ
> ଯେମିତି ଲାଗଇ ଦେହେ। ଅଥଚ
> ଦେହ ବୋଲି କିଛି ନାହିଁ।

ଗାଁ ଭାଗବତ ଘରେ ସେଦିନତ କହୁଥିଲେ
ପ୍ରଭୁ ଗୋସାଇଁ- ଦେହ ଖାଲି ଜଡ଼
ଜୀବଧନ ଚାଲିଗଲେ ଜଳିବ ଜଳିବ
ଶୃଗାଳଙ୍କ ପାଟିରେ ପଶିବ। ସତ
ସତ ବୋଲି ସୁନ୍ଦର ଏ ସୃଷ୍ଟି, ଆତ୍ମାର ନଥର

ସୁନ୍ଦର ଢ଼ଳ ଢ଼ଳ ଆଖି ଖାଲି ଦେଖେ
ବିଚିତ୍ର ସମୟର ଆତଯାତ ରଙ୍ଗୀନ ସହର।

କିଏ ସେ' ନେଇଛି ଚୋରାଇ ସେ' ଦୁଇଟି
ଆଖି ? ଜାଣିନାହିଁ। ଜାଣିନାହିଁ। ଖାଲି
ଯାହା ଅନ୍ଧାରର ଫୁଲଙ୍କ ଶେଯରେ
ଡହଳ ବିକଳ ମଧ୍ୟାହ୍ନ ବି ବାଡ଼ି ଧରି
ବାରିନିଏ ନଈ, ନାଳ, ଖାଲ ଢ଼ିପ
ଚଲାବାଟ, ତୁଠର ପଥର। ନୀତି ଅନୀତି
ସଂସାରର, ଫୁଲ ଓ କଣ୍ଟାର ପ୍ରହର।
ଜାଣିପାରେ ନାହିଁ ଧଳା କଳା, ଭଲ ମନ୍ଦ
ଆଲୋକ ଅନ୍ଧାର-ସବୁକିଛି
ଜଳ ଜଳ ସତ ସତ ସତ !
ମିଛ ବି ସତ ? ତେବେ, ପତ୍ନୀଙ୍କ କପାଳରେ
ଯେ ସିନ୍ଦୂର ଜକ ଜକ କରେ ?

ଗାଁ ମୁଣ୍ଡ ମନ୍ଦିରରେ ଯେଉଁ ଘଣ୍ଟା ବାଜେ
ପବିତ୍ର ନିଷ୍ପାପ, ଦିଅଁଙ୍କ ଭ୍ରମର ଶରୀର ?
ଦେହ ଓ ଆତ୍ମା ଯେ ଭିନ୍ନ ନୁହେଁ
ପତ୍ନୀଙ୍କ ଗୋରା ଦେହ ବି କଳା
ଦିଅଁଙ୍କ ମୁଗୁନି ପଥର ବି ଧଳା
ଏ ସବୁ ହେବା ନହେବା ଭିତରେ ଏ ଆଖି ଦୁଇଟି
ମୂକ, କାତର, ସ୍ଥବିର !

ଏଇ ଗାଁ ପୋଖରୀ ତୁଠ। ବରଗଛ ଓହଳରେ
ଝୁଲିରହେ ଗୋପୀମାନଙ୍କ ଅଙ୍ଗ ବସ୍ତ୍ର
ଛୁଇଁ ଦେଲେ ଲାଜକୁଳି ଲତାପରି ପବନରେ
ସଙ୍କୁଚିତ ହୋଇ ପୁଣି ନଗ୍ନତାର ଜୟଗାନ କରି
ଉଡ଼ାଇ ଦିଅନ୍ତି ନିଜ ନିଜ ବିଜୟର ଧ୍ୱଜା। ହାୟ,

ଦେଖି ମୁଁ ପାରନ୍ତି ଯଦି ନଗ୍ନତାର ରୂପ ? ଜାଣି ମୁଁ
ପାରନ୍ତି ଯଦି ମୋ' କନ୍ୟାର ବା' ମୋ' ପୁତ୍ରର
ଛୋଟ ଛୋଟ ଲଙ୍ଗଳା ଆଖିରେ ମୋ' ନିରୀହ
ଲଙ୍ଗଳା ପିତୃତ୍ୱର ଚିତ୍ର-ଶୁଣି ମୁଁ ପାରନ୍ତି ଯଦି
ବଇଁଶୀର ସ୍ୱର ଶ୍ୟାମଳ ଆକାଶ ଭରି ଯିଏ ମୋତେ
ଗୋପୀଙ୍କ ସଦୃଶ ନଚାଏ, କନ୍ଦାଏ, ନାହିଁ ନାହିଁ
ତାଠାରୁ ମୁକ୍ତି ! ଅଣ୍ଟାଏ ପାଣିରେ ।

ଅନ୍ଧ ଚନ୍ଦ୍ରସେଣା ପରି ମୁଁ କଣ ବୁଝେ
ଯେତେବେଳେ ଗୋପୀଗଣ ହଂସପରି
ଡେଣାଟେକି କାହ୍ନୁ ତୁ ଯା' ଯା'ରେ କହି
ଜଳ ମଗ୍ନେ ଶରୀରକୁ ବାରମ୍ବାର ଆଉଟନ୍ତି-
ଏ ଗୋପୀଙ୍କ ଉପହାସ ଅନ୍ଧ ପ୍ରୀତି ଲାଗି-
ଏ ତୁଠରେ ଏ ଅଣ୍ଡିରା କିଏ ବା'
ଓଃ, ବଗର୍ତ୍ତିଏ ଏ ଜନ୍ମରେ ଅଛି ସିନା
ତୋହର ପୌରୁଷ ମାତ୍ର ଅନ୍ଧ ହେଲେ
ତୁ କଣ ଚିହ୍ନିବୁ ଦେହ, ମନ ତୁ କଣ ବୁଝିବୁ ?

ହଁ, ଏବେ ଖାଲି ଅନ୍ଧ ସ୍ପର୍ଶ, ଏବେ ଖାଲି
ବଇଁଶୀରେ ଅନ୍ଧ ଗହ୍ୱରରେ ପ୍ରତିଧ୍ୱନି ହୁଏ
ସମବେତ, ସହସ୍ର ଆତ୍ମାର ସଙ୍ଗୀତ ଓ
ବାନ୍ଧି ରଖିପାରେ ସ୍ନାନରତା ଗୋପୀଙ୍କ କଟାକ୍ଷ
ସେଇ ହିଁ ମିଳନ । ଦେହ ଓ ଆତ୍ମାର ।
ବଇଁଶୀ ଓ ଗୋପୀଙ୍କ ଉଚ୍ଛ୍ୱାସ ।
କି ଅଦ୍ଭୁତ ଅନ୍ଧ ମୁଁ ଜାଣିପାରୁ ନାହିଁ
କଇଁ କି ପଦ୍ମବନେ ପଡ଼ିଛି ମୋ' ହାତ,
କି କୁମ୍ଭୀର ଗିଳିଛି ମୋ' ପାଦ
ନୀଳ ଶଇଳ ହିଁ କେବଳ ସେଇ ଶରଣଦ ।

■

ସରୋଦ

ଝରଣା ଦେଖିଲେ ମନେପଡ଼େ ତୁମକୁ !
ଯନ୍ତ୍ରଣାର ଦେହ ସେ ମୁହୂର୍ତ୍ତରେ
ଛିନ୍ନ ତାରକାର ଅଦୃଶ୍ୟ ଯାତ୍ରାଭଳି
ସ୍ୱରମାନେ ପବନରେ ଏଣେ ତେଣେ
ଭିଣିଯା'ନ୍ତି, ନୀଳ ଆକାଶର ଗଭୀର
ହ୍ରଦରେ ମରାଳର ଅଫୁରନ୍ତ ଯଉବନର
ଏ ଜୟଯାତ୍ରାର, ଶେଷ କାହିଁ !
ଝରଣା ଦେଖିଲେ ମନେହୁଏ ତାର
ନା' ଅଛି ଶେଷ ନା' ଆରମ୍ଭ-

ନୀଳ ଶୂନ୍ୟ ବୃକ୍ଷର ଡାଳରୁ ଓହ୍ଲାଇ ଆସେ
ଯେଉଁ ସ୍ୱରର ଓହଳ, ସେମାନେ ତାର ପରି
ତାଙ୍କୁ ହାତରେ ଦୋହଲନ୍ତି ଏବଂ
ଚଇତ୍ର ପବନରେ ଉଡ଼ାଇ ଆଣନ୍ତି ସ୍ୱପ୍ନର ଧ୍ରୁପଦୀ ।
ସ୍ୱରର ଝରଣା ଭସାଇ ନିଏ
ହତାଶ ମନର ସମସ୍ତ
ନୀରବତାକୁ ଓ ଜୀବନର ସୂର୍ଯ୍ୟାସ୍ତରେ
ମନେ ପକାଇଦିଏ ବଞ୍ଚିବାର ଅଶେଷ
ଜୟଯାତ୍ରାକୁ !

ଜୀବନ ସିନା ସୀମାବଦ୍ଧ କୋଠରୀରେ
ଅଣଶ୍ୱାସୀ, ମାତ୍ର ତୁମେ ସୀମାବଦ୍ଧ
କେଇଖଣ୍ଡ ଦୁର୍ବଳ ତାର ଭିତରେ
ବଞ୍ଚିବାର ସମସ୍ତ ଦରଜାକୁ
ଖୋଲିଦିଅ, ଜହ୍ନରାତି ଡାକି ଆଣ
ସବୁଜ କ୍ଷେତରେ ପବନର ଲହଡ଼ି ଭାଙ୍ଗ
ପୁଣି ଥୁଣ୍ଟାଗଛର ଡାଳରେ ଏକାକୀ
ଚଢ଼େଇ ପରି ଏଣେ ତେଣେ ଦୃଷ୍ଟିକୁ ଲମ୍ବାଇ
ଦୀର୍ଘଶ୍ୱାସ ଛାଡ଼ !

ହସକାନ୍ଦର ଏ ଯାତ୍ରାରେ ସରୋଦ
ତୁମ ହାତରେ ଥିଲେ ଓ ଆଖି ବୁଜିଲେ
ମରୁଭୂମି ପାଲଟିଯାଏ ମରୁଦ୍ୱୀପରେ
ମାତ୍ର ଆଖି ଖୋଲିଲେ ତୁମ କଙ୍କାଳ ଦେହ
ଧୂଳିର ମଲାଟ ଭିତରେ କାକୁସ୍ତ ଥିଲେ
ମନେ ହୁଏ, ଜୀବନର ଏ ସୂର୍ଯ୍ୟାସ୍ତ
ବେଶ ପାଖେଇ ଆସିଚି ଓ
ସ୍ୱର-ଯନ୍ତ୍ରଣାମାନେ ଛଟପଟ
ମାଛପରି ମଥା ପିଟୁଚନ୍ତି ।

■

ଦିଲ୍‌ରୁବା

ହଠାତ୍ ଯେତେବେଳେ ପାଉଁଶିଆ ହୋଇଯାଏ
ଉପତ୍ୟକାର ବିଚ୍ଛୁରିତ ଦୃଶ୍ୟ
ଉଡ଼ନ୍ତା ଚଢ଼େଇ ଡେଣା ସ୍ଥିର ହୁଏ
ଆକାଶରେ ଝର ଝର ଝରଣାର ସ୍ରୋତ
ଅବିଚଳ ହୁଏ ଓ ମାଛମାନେ
ନିଶ୍ଚୁପ ହୁଅନ୍ତି-ବୃକ୍ଷର ଡାଳ
ସ୍ତମ୍ଭିତ ଓ ଝରାପତ୍ର ଲାଖିଯାଏ
ଶୂନ୍ୟ ପବନର କାଚ ଝରକାରେ
ଦିଲରୁବା ତୁମେ ମନେପଡ଼ !

ଛାଇପରି ଚରିଯାଉଥିବା ବୟସର
ଅଶାନ୍ତ ମଧ୍ୟାହ୍ନରେ ପିଜୁଳିଗଛର
ବାଦୁଡ଼ିମାନେ ଅନାଇ ରହନ୍ତି
ଇଲାକାର ନୀରବ ମୁହୂର୍ତ୍ତରେ-ଦିଲ୍‌ରୁବାର ସ୍ୱର
ଯେତେବେଳେ ମାତିଯାଏ ମହୁଲ ଗଛର
ବାସ୍ନାରେ ବେହୋସ ପାଗଳ ପରି
କୃଷ୍ଣଚୂଡ଼ାର ରଙ୍ଗିନ ହାତ ଉପରକୁ
ଶୁଆପକ୍ଷୀଟି ଯେମିତି କେଉଁଠୁ
ଉଡ଼ିଆସି ପୋଷା ମାନିଚି-
ଦିଲରୁବା ତୁମକୁ ହାତରେ ଧରିଲେ
ତାଙ୍କ ପୋଷା ଶୁଆମନ ପ୍ରାଣକୁ ଅସ୍ଥିର କରେ

ଅତୀତର ଘୁଣଖିଆ ଦରଜା ଖୋଲିଯାଏ
ଓ ଦୋହଲିଯାଏ ଆଖି ହ୍ରଦର ଶତସହସ୍ର
ମଉଳା ପଦ୍ମ ପାଖୁଡ଼ା।

କାଳର କ୍ଷତ ବିକ୍ଷତ ଯୁଦ୍ଧକ୍ଷେତ୍ରର ଚକ୍ରବର୍ତ୍ତି
ଜୀବନ ଜଞ୍ଜାଳରେ ବିକ୍ଷୁବ୍‌ଧ ଆତ୍ମପୁରୁଷ
ଏକାକୀ ନିରୋଳାରେ ଦିଲ୍‌ରୁବା ହାତକୁ
ନେଲେହିଁ ମନେପଡ଼େ ଚମ୍ପା ଦେଶର ସେଇ
ରକ୍ତକମଳ ପାଦ ଯୋଡ଼ିକ
ସବୁଜ ଘାସ ଉପରେ ଜ୍ୱଳନର
ଝୁଣ୍ଟି ଆଙ୍କିଯାଏ କେମିତି।

ଆଉ ଦିଲ୍‌ରୁବାର ସ୍ୱର ଦୁଷ୍ଟପବନ ପରି
ଖସାଇ ଦିଏ ବକ୍ଷରୁ ବସ୍ତ୍ର
ଚକିତ ବନହରିଣୀପରି
ସେ' ସାଉଁଟି ନିଅନ୍ତି ଯେତେବେଳେ
ଚଇତ୍ର ପବନରୁ ନିଜକୁ, ତାଙ୍କ
ଅଙ୍ଗୁଳିରେ ଦିଲ୍‌ରୁବା
ଶୂନ୍ୟ ଆକାଶରୁ ତୋଳିଆଣେ
ଲକ୍ଷ ଲକ୍ଷ କାଠଚମ୍ପାର ବିମୋହିତ ମୁହୂର୍ତ୍ତ !

ସେତେବେଳେ ଦିଲ୍‌ରୁବା
ମୋ' ସଦୃଶ ଚକ୍ରବର୍ତ୍ତିର
ଅସହାୟ ଛାତିରେ ଛଟପଟ ହୁଏ
ଓ ଅଲକ୍ଷରେ କରୁଣତାର ସ୍ୱର
ଆଖିରୁ ଲୁହ ପୋଛିଦିଏ
ଶୂନ୍ୟ କୋଠରୀକୁ ତାଙ୍କର ସହସ୍ର ଆଖିର
ପ୍ରତିଛବିରେ ଭରିଦିଏ ଓ ଚକ୍ରବର୍ତ୍ତୀ
ସତେକି ନିଶ୍ଚୁପ୍ ବାଦୁଡ଼ି

ନିଜ ପିଜୁଳି ଗଛରେ !
ଦିଲ୍‌ରୁବା ! ତୁମେ ମୋ' ଛାତିର
ଆହୁରି ପାଖକୁ ଆସ-ମୁଁ
କାଳର ଚକ୍ରବର୍ତ୍ତି ନୁହେଁ-ମୁଁ ଅତି ଏକା
ମଣିଷଟିଏ-ତୁମର କେତୋଟି
ତାରର ସୀମାବଦ୍ଧ ସାମ୍ରାଜ୍ୟ ଭିତରେ
ଭଅଁରଟିଏ ହୋଇ ଗୁଣୁ ଗୁଣୁ କଲେ
କ୍ଷତି କଣ ?

(ସତ୍ୟେନ୍ ଚକ୍ରବର୍ତ୍ତୀଙ୍କୁ)

ଖରାବେଳ

ଖରାବେଳ
ପିଲା ଖେଳ
ନୁହେଁ ଜଳିବାକୁ ମନ ଥିଲେ
ଜଳିବା ସହଜ, ମରିବାକୁ ନୁହେଁ
ଛଟପଟ ହେବା ସାର
ବଞ୍ଚିବା ଅସାର ଅଧାଜଳା
ଶରୀର ବା' ମନର ବୋଇତକୁ
ସମୁଦ୍ରରେ କି ସାହସେ ଭସାଇ ଦେବାକି ?
　　　　ପିଲାଖେଳ
　　　　ଲୁଚୁକାଳି
　　　　ଖରା ଛାଇ ପରି ମାଡ଼ିଆସେ
　　　　ମଧ୍ୟାହ୍ନରେ ପିଜୁଳି ଗଛରେ
　　　　ବାରଣ୍ଡାରେ ମା'ର କୋଳରେ
　　　　ଆଈମା'ର ଓହଳ ଛାତିରେ ।
ସେତେବେଳେ
ଖରାବେଳ
ଯାଦୁଖେଳ
ଡାହାଣୀଟି ପରି ଛାତିରୁ ଯେ ଶୋଷି ନିଏ
ରକ୍ତର ସମୁଦ୍ର ହଳଦିଆ କନିଅର ପରି
ପଡ଼ିରହେ

ଚାରିହାତ ଦେହ ଓ
ଖରାବେଳ ଚାଲିଗଲେ
ସର୍କସ ଜୋକର ପରି ହାତଗୋଡ଼ ଛାଟି
ଠିଆହୁଏ ଦେହମାନଙ୍କର
ଚାରିହାତ ହାତର ହତବାକ୍ ଚିତ୍ର !
ଖରାବେଳ
ମିଛ ଖେଳ
ମିଛ ହରିନାମ ପରି
ସର୍ବତ୍ର ଖରାବେଳ-ଭକ୍ତମାନେ
ନିଶାଚୋର, ପ୍ରେମ ଚୋର,
ପକେଟ୍‌ମାର ବା' ଟ୍ରେଜେରୀରୁ
ଆତ୍ମସାତ୍ କରିଥିବା ମଣିଷର
ସିଗାରେଟ୍ ଧୂଆଁପରି
ଚହଲି ଚହଲି ଯାଏ ଏଠାରୁ ସେଠାକୁ।
ଚୁପ୍ ଚାପ୍ ଖରାବେଳ
ଅଣଶ୍ୱାସୀ କରିଦିଏ
ଶୋଷକୁ ବଢ଼ାଏ
ବିଛଣାରେ ମନେହୁଏ ଶୋଇଥାଏ
ଝରାସ୍ମୃତି-ଫୁଲର ପାଖୁଡ଼ା
ଯନ୍ତ୍ରଣାରେ ଭରେ ମନ ଛାତିର ମଇଦାନ
ଖରାବେଳେ ଆମ୍ବ ଖାଇ
ଫିଙ୍ଗିଦିଏ ବୁଢ଼ାଲୋକର
ଭଙ୍ଗାଦାନ୍ତ ପରି ଟାକୁଆମାନଙ୍କୁ
ଆମ ଉପରକୁ-
ଭୟ ଓ ଭକ୍ତିରେ ଭକ୍ତ।
ଖରାବେଳ
କାଟି ଦିଏ ପଶାପାଲି ମେଲି
ଅବା କାଗଜର ଘରସବୁ କରି
ଫିଙ୍ଗିବାକୁ ପବନର ଜଳନ୍ତା ନଈକୁ

ତଥାପି ଯେ ମୁକ୍ତି ନାହିଁ
କଟିଗଲା ଘୁଡ଼ି ପରି ।
ଖରାବେଳ
ହସାଏ କନ୍ଦାଏ
ଅଶେଷ ଛଳନାର ବିରକ୍ତି ଭିତରେ
ସମ୍ପର୍କକୁ ଖିନ୍ ଭିନ୍ କରି
ବାଘ ପରି ମାଡ଼ିଆସେ
ଖରାବେଳ ରକ୍ତାକ୍ତ ମୁହଁରେ ।

■

ସୂର୍ଯ୍ୟାସ୍ତ

ସୂର୍ଯ୍ୟାସ୍ତର ବଗିଚାରେ
ପାହାଡ଼ର ଦୃଶ୍ୟଟି ସୁନ୍ଦର
ଆକାଶର ଗୋଧୂଳି ମଧୁର
ଫୁଲମାନେ ନିସ୍ତେଜ କରୁଣ
ଅସହାୟ ଫଳମାନେ ବଜାରରେ
ଆ' ହାତରୁ ତା' ହାତକୁ ବାରମ୍ବାର
ଆତଯାତ ଫଳେ ଅସଂଯତ
ସୂର୍ଯ୍ୟାସ୍ତର ବଗିଚାରେ
ପାଉଁଶିଆ ମଣିଷର ବସନ୍ତ ଅଶାନ୍ତ !

ଫେରିବାର ବାଟ କାହିଁ
ଘର ଅନ୍ଧାର ଓଗାଳୁଛି ଆଗୁଆ ପାଦକୁ
ଠିଆହୋଇ ବଟବୃକ୍ଷ ମୂଳେ
ଦୂରର ଟେକ୍‌ସି ବା' ରିକ୍‌ସା ଗଲାବେଳେ
ଅଙ୍ଗୁଳିରେ ଶିହରଣ ଖେଳିଯାଏ
ପ୍ରେମିକାର ଅସଂଲଗ୍ନ ଦେହ ମନେପଡ଼େ,
ରୁହ ରୁହ କେହି ଜଣେ
ମୋତେ ନିଅ ତୁମର ସାଥିରେ
ମୁଁ ଆଜି ଏକା ଏଠି
ସୂର୍ଯ୍ୟାସ୍ତର ବଗିଚାରେ ଜହ୍ନିଫୁଲ ଫୁଟି ପଡ଼େ
ମୁଁ ମୋର ଅପେକ୍ଷା କରେ !

ପାଉଁଶିଆ ମଣିଷର ନା' ଦିନ ନା' ରାତି
କେବଳ ସୂର୍ଯ୍ୟାସ୍ତ

ଟକ୍ ମକ୍ ଫୁଟୁଥିବା ରକ୍ତର ଉପରେ
ଧିରେ ଧିରେ ଜମିଯାଏ ସ୍ମୃତିର ପାଉଁଶ
ଦର୍ପଣର କାଚ ପରି ଆଖି ଯୋଡ଼ିକରେ
ସୂର୍ଯ୍ୟାସ୍ତର ଶେଷ ଛବି ପୋଛି ଦିଏ
ଦିନର ଆଲୁଅ
ସିଏ ମୋର ପତ୍ନୀ କି ବାନ୍ଧବୀ
ସିଏ ମୋର ମାଲିକ କି ଚାକର
ସିଏ ମୋର ମାଷ୍ଟର କି ଛାତ୍ର
ସିଏ ମା' କି ବାପା ମୋର
ଏହା ଜନ୍ମ କି ମୃତ୍ୟୁ ମୋର
ଜାଣିବାର ଉପାୟ ବି ନାହିଁ ଅସହାୟ
ମୁହୂର୍ତ୍ତଙ୍କ ଚାପ ଅଣଶ୍ୱାସୀ କରିଦିଏ
ମୋ' ନିଜର କୋଳାହଳେ ଭରା ଖରାବେଳ
ଧିରେ ଧିରେ ଘୁଞ୍ଚିଯାଏ ଯେତେବେଳେ
ଦୂରରୁ ଦୂରକୁ- !

ଫେରିବାର ବାଟ ଏବେ
ଘନ ଅନ୍ଧାର ନଈର ସୁଅରେ
ଭାସିଯିବା, ପ୍ରକମ୍ପିତ ବୋଇତର ଧାରେ
ପାଦରଖି ଅପେକ୍ଷା କରିବା
ସୂର୍ଯ୍ୟାସ୍ତର ବଗିଚାରୁ ତୁମେ କୁହ
ଏ ଯାତ୍ରା ଶୁଭ ହେଉ ତୁମର ସମ୍ରାଟ
ଏ ନଈରୁ ବାଟଫିଟୁ ସମୁଦ୍ରକୁ
ଅତଳ ନୀଳକୁ,
ନମସ୍କାର ସୂର୍ଯ୍ୟାସ୍ତ ତୁମକୁ
ଜଳକୁ ଖସିଲେ ପାଦ
ପାଉଁଶିଆ ମଣିଷର ଯୋଡ଼ହସ୍ତ
ଉପରକୁ ଜଳ ଜଳ ଦିଶେ !

■

BLACK EAGLE BOOKS

www.blackeaglebooks.org
info@blackeaglebooks.org

Black Eagle Books, an independent publisher, was founded as a nonprofit organization in April, 2019. It is our mission to connect and engage the Indian diaspora and the world at large with the best of works of world literature published on a collaborative platform, with special emphasis on foregrounding Contemporary Classics and New Writing.

www.ingramcontent.com/pod-product-compliance
Lightning Source LLC
Chambersburg PA
CBHW020531080526
44583CB00013B/817
* 9 7 8 1 6 4 5 6 0 3 3 3 7 *